KB218929

# 뮤지컬의 쓸모

# 뮤지컬의 쓸모

예술 속 인문학으로 인생을 배우다

**초 판 1쇄** 2025년 06월 05일

**지은이** 흰제비나비
**펴낸이** 류종렬

**펴낸곳** 미다스북스
**본부장** 임종익
**편집장** 이다경, 김가영
**디자인** 윤가희, 임인영
**책임진행** 이예나, 김요섭, 안채원, 김은진, 장민주

**등록** 2001년 3월 21일 제2001-000040호
**주소** 서울시 마포구 양화로 133 서교타워 711호
**전화** 02) 322-7802~3
**팩스** 02) 6007-1845
**블로그** http://blog.naver.com/midasbooks
**전자주소** midasbooks@hanmail.net
**페이스북** https://www.facebook.com/midasbooks425
**인스타그램** https://www.instagram.com/midasbooks

ISBN 979-11-7355-250-2  03670

값 20,000원

미다스북스는 다음세대에게 필요한 지혜와 교양을 생각합니다.

# 뮤지컬의 쓸모

흰제비나비 지음

*More than a show*

예 술 속 인 문 학 으 로 인 생 을 배 우 다

미다스북스

✖

# 목차

推천사

학예사의 시선으로 뮤지컬 관람하기

작가와의 만남은 언제나 극장 로비였다. 서울시뮤지컬단의 공연 때마다 공연장을 찾아
주었고, 공연 후 로비에서 마주치게 되면 부끄러운 듯 조심스레 인사를 건네곤 했다. 수
줍은 미소로 감추고 있었지만 언제나 반짝반짝한 눈으로 공연의 모든 것들을 놓치지
않고 읽어내려는 마음을 가득 품고 있어 보였다. 그런 그녀가 책을 출판할 예정이라는
소식을 보내왔다.

『뮤지컬의 쓸모』라는 제목의 원고에는 1막과 2막으로 나뉘어 시대와 소재를 구분한 뮤
지컬 공연들에 대한 이야기가 담겨 있었다. 그녀의 직업이 학예연구사라는 것은 알고
있었는데, 학예연구사의 관점으로 뮤지컬 작품들을 읽어내었다는 것이 매우 흥미로운
지점이었다. 공연을 관람하거나 분석하는 방식들은 여러 가지가 있을 텐데, 그 접근이
다양할수록 작품은 더 풍성해지고 관객의 새로운 재미를 발견할 수 있게 된다. 그런 점
에서 『뮤지컬의 쓸모』는 1막의 한국사의 시대별 소재를 다룬 작품들에 대한 이야기와
2막의 서양사의 다양한 소재를 다룬 작품들로 분류하면서 각각의 작품을 학예연구사의
시선으로 바라보는 유용함과 재미를 독자들에게 선사하고 있다.

이는 오랜 기간 동안 애정을 가지고 뮤지컬 공연들을 관람했고, 그냥 감상에 그치는 것
이 아니라 관련된 역사적 정보들을 함께 정리했었기에 가능한 글들이다. 그리고 이러한
소재에 따른 작품의 분류는 관객뿐만 아니라 뮤지컬 관계자들에게도 '쓸모' 있는 글임

에 분명하다. 무엇보다 관객에서 출발해 뮤지컬에 대한 이야기를 책을 출판하는 도전에 박수를 보낸다. 이는 예술로 배우고 삶에 응용해서 인생을 가꾸겠다는 이야기와 너무나도 잘 어울리는 용기이기 때문이다. 나도 전적으로 동의한다.

우리는 예술을 통해 위안을 받지만 예술은 어딘가 저 멀리 있는 도피처가 아니라 우리가 살면서 선택하는 행동 안에 언제나 함께 하는 것이라 믿기 때문이다.

**– 김덕희_서울시뮤지컬단 단장**

자기표현은 인간의 본능인 것 같다. 태초부터 인간은 벽화로, 음유시인의 노래로, 화가의 그림으로, 음악으로, 조각과 건축물 등 여러 방면으로 자기표현을 해왔다. 그리고 마침내 이 각자의 영역에 있는 이들이 모여 공연이라는 종합예술을 만들고, 뮤지컬이라는 장르도 탄생하게 된다.

저자는 자기표현의 집합체라 할 수 있는 뮤지컬의 그야말로 Big Fan이다. 공연 기간 동안 관객석에서 그녀의 얼굴을 빈번하게 발견하고 또 관극 한 날이면 모든 배우들이 극장을 떠날 때까지 한 명 한 명에게 인사를 하고 돌아가곤 하던 그녀의 모습을 기억한다. 그리고 그런 그녀의 열정을 보면서, 어쩌면 그녀야말로 공연을 배우들보다 더 잘 이해하고 있을지도 모른다는 생각을 했었다.

이 책은 그녀의 전공 분야와 공연이 연결되어 탄생한 그녀의 자기표현일 거라는 생각이 든다. 공연의 내용과 역사적 사실의 경계를 오가면서 그 이야기를 풀어내는 이 책은 그림을 설명하는 박물관의 큐레이터처럼 역사를 바탕으로 뮤지컬을 소개해주는 그녀의 공연 큐레이팅이 담긴 책이다. 여기 담긴 공연을 봤다면 그 공연을 다시금 되새기며 더욱 깊이 이해함에, 보지 않았다면 궁금증이 생기기에 더할 나위 없이 충분하다.

**– 이연경_서울시 뮤지컬단 배우〈작은 아씨들〉, 〈더 트라이브〉 등 출연)**

필자가 이 책의 추천서를 부탁받았을 때는, 3개월간의 유럽 체류 생활을 마치고 돌아온 직후 다시 해외 공연을 위해 출국하기 며칠 전이었다. 시간 여유가 없어 오고 가는 비행기 안에서 읽은 원고는, 지금 우리가 한 번쯤 읽어봐야 할 글이라는 생각이 들었다.

뮤지컬을 사랑하는 팬이자 학예사인 저자는 그 직업에 걸맞게 객관적인 시선으로, 특히 우리나라 역사를 바로 짚고 상기시키면서 뮤지컬을 사랑하는 대중의 마음으로 역사와 작품을 비교·분석하고, 우리의 삶에 예술이 미치는 영향과 필요성을 날카롭게 지적하고 있다.

글의 초반에는 '뮤지컬의 쓸모'라기보다는 '뮤지컬을 통한 역사 읽기'에 가깝다는 생각이 들었다. 그러나 초반에서 중반부로 넘어가면서 현대 뮤지컬 작품을 통한 역사적 사실의 서술은 내가 관람하고 작업했던 뮤지컬 작품들을 다시 떠올리게 했고, 나의 인생과 내가 속한 사회까지 되돌아보게 만들었다. 결국 이것이 저자가 말한 '뮤지컬의 쓸모'였다.

특히 후반부로 갈수록 나의 개인적인 경험과 결부되는 것을 보니, 이 흐름을 의도한 것이라면 저자는 참으로 영리하다. 더불어 내가 유럽을 돌아보며 느꼈던 한국의 건축 문화 유산의 보존과 활용에 대한 아쉬움에 공감하게 되었고, 더욱 삭막해져 가는 현대 사회에서 예술이 주는 긍정적인 영향을 다시금 생각하게 되었다.

나를 더 이해하고, 내가 속한 이 사회를 더 건강하게 받아들일 수 있도록 작은 쉼을 원한다면, 간접적인 뮤지컬 관람을 통해 역사 공부까지 할 수 있는 이 책을 추천한다.

― 유민영_뮤지컬 배우, 안무감독(《나폴레옹》, 〈셜록홈즈〉 등 출연)


역사와 인류의 흐름과 사건들, 그 안에서 느껴지는 인간의 희로애락. 인간에게 주어지는 메시지, 그것들로 하여금 사람들이 위로와 기쁨을 느낄 수 있게 하는 하나의 예술작품. 뮤지컬에 녹아 있는 보물들이 아주 잘 담긴 책 같아 뮤지컬하는 사람으로서 참 기쁘고 반가운 책입니다. 앞으로도 이런 좋은 책을 더많이 출간해 주시길 간절하게 바라봅니다. 다시 한 번 축하드리며 앞으로 더 좋은 소재의 책들을 만나보길 소망합니다.

― 박시원_뮤지컬 배우(《노트르담 드 파리》, 〈웃는 남자〉 등 출연)

뮤지컬을 따라 걷다 보면, 결국 '사람'에 닿는다.
그리고 이 책은, 그 사람을 오래도록 껴안는다.

무대 위 인물 하나를 따라가다 보면
그 인물이 살았던 시대가 보이고,
그 시대를 살아낸 사람들의 표정이 떠오른다.
그 얼굴들을 향해, 이 책은 애정 어린 시선을 멈추지 않는다.
지워진 이름들, 잊힌 뒷모습들까지도 조심스레 끌어안는다.

『뮤지컬의 쓸모』는 뮤지컬을 해설하지 않는다.
뮤지컬을 살아내고, 그 속에 숨은 사람들의 이야기를 복원한다.
작품의 장면 하나하나에 '살았던 사람'의 숨결을 불어넣고,
그 인물들과 함께 우리 삶의 질문들—어떻게 살아야 할까, 나는 누구였을까—를 되짚
는다.

그래서 이 책은,
작품을 다시 보고 싶게 만들고,
지나간 시대를 다시 사랑하고 싶게 만들며,
결국 사람으로 사는 일을 다시 믿고 싶게 만든다.

이 책은 당신의 손에 들릴 운명을 타고났다.
이야기를 사랑하는 사람이라면,
사람을 이야기로 사랑하는 이라면,
이 책은 오래도록 당신 곁에 머무를 것이다.

— 오세혁_뮤지컬 연출가 및 작가(『오세혁의 상상극장』)

## 프롤로그
# 예술과 삶, 그리고 사람

## 예술과 삶

　예술은 인류의 역사와 항상 공존했다. 인류가 시작한 예술은 기복의 예술로 생존을 위한 기원이었다. 인류가 지구상에 나타났을 때부터 예술은 함께였다. 기복적인 예술 속 빠지지 않는 것이 미술과 음악이다. 뮤지컬은 이 두 가지가 모두 포함된다. 특히, 뮤지컬은 인류가 하늘에 기도가 닿기를 바라며 행한 의식인 제의가 그 원형이다. 그래서 사람의 가장 기본적이면서 원초적인 감정을 담고 있다. 더불어 인류가 궁극적으로 찾고자 하는 인생에 던지는 질문에 대한 답도 함께 담겨 있다. 그러기에 인류는 시대를 불문하고 어떻게든 예술을 향유했다.

　하지만, 현대로 오면서 점점 예술을 향유하는 사람들이 줄었다. 이는 대부분의 사람들이 생존에 신경 쓰기에 바빠 예술을 향유할 심리적인 여유가 사라졌기 때문이다. 자본주의 사회에서 어쩌면 당연하고 어쩔 수 없는 현상이지만 오랜 시간동안 인류와 공존한 예술을 향유할 수 있는 기회가 줄어들수록 사람들은 점점 인간다움을 잃어갔다. 무엇보다 서로가 서로를 믿지 못하고, 대부분의 사람들이 점점 더불어 사는 것보다 홀로 살아남는 것이 중요해졌다. 그래서 많은 사람들이 인류애를 잃었고, 홀로 살아남기 바쁘다. 시간이 흐를수록 공동체보다 개인이 더욱 중요해졌다.

이러한 사회의 문화적 분위기로 인해 전 세계적으로 출산율이 하락하고 있고, 특히 대한민국은 그 소멸을 걱정할 정도로 출산율이 떨어졌다. 한국의 출산율이 이렇게 급격히 하락한 데에는 여러 가지 이유가 있겠지만 해외에서 바라보는 이유는 젠더 간의 차별이 심한 사회임을 지목한다. 한국은 그 역사에서도 볼 수 있듯이 오랫동안 여성이 남성에 종속된 삶을 살았다.

물론 전 세계의 많은 나라도 그랬지만 한국의 경우 20세기에도 심지어 21세기인 요즘도 사라지지 않는 여성을 제약하는 유리천장이 이곳저곳에 위치한다. 남성들은 그렇지 않다고 반론할지 모르겠지만 선사시대 혹은 초기 고대의 모계 중심사회와 여성 제사장이 힘이 강했을 때를 제외하고 인류역사에서 여성이 남성보다 위에 위치한 적은 단 한 번도 없다.

아무튼 인류가 예술을 향유할 수 있는 기회와 시간이 줄어들면서 삶은 더욱 팍팍해졌고 인류는 사람보다 물질을 숭배하고 숭상하는 사회로 변했다. 그러기에 인류가 사람다움을 되찾기 위해서는 다시 예술로 눈을 돌려야 하고 나아가 지금보다 조금 더 자주 예술을 향유할 수 있어야 한다. 그런데 세상은 오히려 점점 인류가 예술을 향유하는 것을 방해한다. 이런 이유로 사람들의 마음이 쉽게 상처받고 치유가 되지 않은 채 오랜 시간이 흐르면서 마음의 병으로 고생하는 사람들이 많아졌다.

이런 이유로 살기 힘들 때일수록 우리는 예술을 향유해야 한다. 예술을 향유하면서 자연스럽게 마음의 병을 조금이라도 치유하게 되고 세상을 부정적으로 바라봤던 생각과 인식을 긍정적으로 바꿀 수 있다. 더불어 예술을 향유하면서 느끼는 카타르시스를 통해 부정적인 감정 쓰레기통을 깨끗이 비울 수 있다. 인류와 공존한 예술은 기복적인 것으로 시작했지만 이제는 인류가 사람으로서 사람답게 살기 위해 존재한다. 인류가 마지막까지 예술을 놓아서는 안 되는 이유다.

## 사람이 사람이기에 가지는 질문

예술의 위치는 인류의 역사가 발전할수록 그 얼굴을 달리하며 인류와 공존하기 위해 노력하고 있다. 뮤지컬의 역사는 다른 예술에 비해 그 역사가 오래지 않지만 사람의 모든 것을 담고 있다. 더불어 인류의 역사가 시작된 이래로 인류는 스스로에게 질문을 던지며 존재의 이유를 찾았다. 이때 예술은 그 질문에 대한 답을 찾는 데에 도움이 됐다.

인류역사에서 예술이 시작된 것은 세상에 대한 두려움으로 조금이라도 미래를 알기 위한 제의에서 시작됐다. 예술을 통해 소원을 비는 기복적인 부분도 있지만 세계 곳곳에 있는 신화에서도 엿볼 수 있듯이 인류는 세상에 대한 두려움을 절대자에게 기원하며 그 두려움을 떨쳐냈고 지력과 이성이 발달하면서 인류는 전 인생을 거쳐 삶에 대한 궁극적인 질문을 하게 된다.

그 대표적인 질문이 '사람이란 무엇인가?'다. 작품을 보면 그 이야기 속에 담긴 행간을 살펴보면 그 속에 인류의 궁극적인 질문이 묻어난다. 더불어 작품에서 말하는 이야기 속에 그 질문에 대한 작품 창작 진과 작품에 참여하는 배우들의 답이 녹아들어 있다. 그리고 작품을 보는 관객들은 작품이 던지는 질문과 그에 답하는 창작진과 배우들의 답변을 보며 스스로 인류에게 던지는 궁극적인 질문과 그 답변을 정리하고 이를 교훈삼아 삶을 더욱 사람답게 꾸린다.

또한 인류는 전 역사를 걸쳐 끊임없이 질문하는 것이 있는데 '세상을 어떻게 살아야 하나?'다. 인류의 역사를 자세히 살펴보면 살기 좋았던 때보다 힘들었던 때가 더 많다. 그러기에 전 세계 전 역사를 걸쳐 많은 사람들이 도대체 세상은 무엇이며 어떻게 살아야 하는지 그 답을 얻기 위해 여러 절대자들에게 질문했다. 그리고 르네상스 시대로 접어들면서 그 질문에 대한 답을 예술 속에서 찾기 시작했다. 더불어 중세시대에 눌려있던 인간으로서의 욕망과 감정이 르네상스 시대를 만나 봇물 터지듯이 터지면서 다양한 예술이 깨어나기 시작했고 인류는 예술을 통해 힘들고 어려운 삶을 이겨내고 극복하면서 인생을 이어갔다. 예술이 있기에 인류는 지금까지 온갖 어려움을 극복하고 이겨내며 역사를 이어오고 있다.

# 사람이기에 예술을 하다

예술 활동은 지구상에 존재하는 생명체들 중에서 오직 인류만이 가지고 있는 특징이다. 그리고 인류는 예술 활동을 통해 스스로를 증명하며 자신의 삶에 닥친 문제를 해결해나갔다. 특히, 예술 속에 인류의 모든 것이 들어 있다. 이성과 감성뿐만 아니라 인류가 학문으로 발전시킨 모든 것이 예술 속에 담겨 있다. 무엇보다 그리스 로마신화에서 예술과 학문의 여신들인 뮤즈 9여신은 각자가 맡은 분야가 있으며 이 여신들을 총괄하는 신은 아폴로다. 이를 통해 인류가 생각하는 예술은 사람 그 자체였음을 알 수 있다.

이러한 예술에 대한 개념은 변하지 않았다. 다만 사람들이 변했다. 인류의 역사가 발전하면서 예술을 향유하는 것이 사치라 생각하게 됐고 사람들은 점점 사람보다 물질을 소중하게 생각하게 됐다. 더불어 개개인 각자가 마음의 병이 심해졌고 자신의 인생에 어려움이 닥쳤을 때 이를 뛰어넘지 못하고 스스로 삶을 마감하는 사람들이 많아졌다. 세상이 이렇게 된 데에는 예술을 향유하는 기회를 얻지 못하고 예술을 향유하는 것 자체가 사치로 여겨지고 있기 때문이다. 이를 통해 인류는 예술과 함께 공존해야 하고 예술이 인류의 삶에서 불가분의 관계에 있음을 알아야 한다.

# 1막

# 예술이 해석한
# 역동적이며 깊은
# 한국사

# 1장

## 빛의 시간보다
## 어둠의 시간이 길었던
## 조선전기

불통의 어둠에서 소통의 밝음으로

# 〈세종, 1446〉

〈세종, 1446〉 포스터(2019)

## 문자에 대한 백성들의 눈을 띄워 뜻을 편 세종

인류 역사가 지금까지 내려올 수 있었던 것은 언어가 있었기 때문이다. 인류의 역사를 선사시대와 역사시대로 나누는데 이 때 기준이 문자다. 문자로 기록을 남기고 그것을 후대에 전하는 문화가 있느냐 없느냐로 나눈다. 그런데 과거엔 문자를 아는 사람들이 많지 않았다. 그래서 신분에 따라 인생을 살면서 뜻을 펼칠 수 있는 기회를 얻는 것에 차이가 났다. 무엇보다 지배층에 속한 신분이 아니면 글을 모르는 사람들이 많았다.

이런 상황에서 조선은 세종이 원하는 신분과 지위 고하를 막론하고 서로 소통이 원활한 세상은 오기 힘들었다. 세종은 하고자 하는 것은 무슨 일이 있어도 하는 인물이었다. 그래서 글을 몰라 자신과 소통이 어려운 백성들을 위해 '훈민정음'이라는 한글을 만들었다. 세계사적으로 사용하는 문자를 만든 사람과 때가 정확한 것은 한글이 유일하다. 중국의 한자도 만든 사람으로 지정되는 인물은 있으나, 정확하지 않고 만든 시기는 정확하지 않다. 바로 이런 점이 한글의 우수성을 뒷받침한다.

아무튼 세종의 '문자창제'라는 큰 업적으로 우리는 현재 IT강국이 될 수 있었다. 그 어떤 나라보다 빠르고 쉽게 그리고 원활하게 의사소통이 가능해졌고 그 어떤 나라보다 정보경영에 유리한 나라가 됐다. 양질의 정보를 가지고 자신의 삶을 가능한 풍요롭고 효율적으로 살아갈 수 있게 됐다. 무엇보다 한글 속에는 바로 사람이 있다. 한글 창제의 원리인 '천, 지, 인(天, 地, 人)에 바로 사람이 있는 것이다. 세종이 훈민정음을 창제한 것은 백성들과 쉽고 원활하게 소통하고 싶었던 것도 있지만, 그보다 백성들이 사람답게 살 수 있는 세상을 위해 훈민정음을 창제했다.

본 작품 속에 이러한 훈민정음 창제의 뜻이 고스란히 담겨 있다. 특히, '전해운'으로 대표되는 조선 왕실에 깊은 원한을 가지고 복수를 꿈꾸는 사람들을 넓고 큰 포용력으로 끌어안는 세종의 모습 속에서 엿볼 수 있다. 세종은 이 세상에 존재하는 사람은 사람 그 자체로 소중한 존재라는 것을 알았던 것 아닐까? 세종은 그렇게 백성을 위한 정치를 하려 했고 그 최고의 결과물이 '훈민정음'이다. 비록 '언문'이라고 하면서 반포 후 지배층에게 크게 무시를 당했지만 한국인의 정신과 생각을 쉽게 기록하고 남겨 그를 후손에게까지 전할 수 있는 세계 최고의 문자다.

그래서 세종의 훈민정음 반포 후 한글은 점점 여러 계층에 전해졌고 자신의 삶에서 필요한 정보를 한글을 통해 얻을 수 있는 기회가 점점 늘어났다. 세종의 훈민정음 창제로 일반 백성들도 자신의 뜻을 조금이라도 펼 수 있는 길을 찾을 수 있었다. 더불어 그 속에 담긴 애민정신은 백성들이 조금이라도 사람답게 살 수 있게 하는 데에 큰 힘이 됐다. 이러한 세종의 뜻과 훈민정음의 의미와 가치가 작품의 마지막 부분에서 잘 그려진다. 본래 세종이 훈민정음을 창제한 이유는 우리말이 중국과 다르기 때문이었다. 하지만 창제를 하고 보니 그 속에 세종이 담고 싶었던 세상의 질서가 담겼다.

훈민정음 해례본 ⓒ국립한글박물관 소장

## 보이지 않는 사람들의 노력이 가져온 태평성대

작품 앞부분 태종이 승하하는 장면에서 나오는 대사가 있다. 바로 '악업은 과인이 짊어지고 가니 주상은 부디 성군이 되세요.'라는 뉘앙스의 대사다. 태종이 세종에게 왕위를 물려준 후에 했던 악업들이 세종의 치세를 위한 것이라는 뜻이다. 이 장면에서 등장하는 소품 중 현재 장례식에서는 보기 힘든 한국 전통의 민속품이 있다. 그것은 '방상시 탈'로 장례를 치를 때 상여행렬 가장 앞에 있다. 이 탈은 망자가 저승으로 평안하게 갈 수 있도록 도와주는 물건이다.

**방상시 탈** ⓒ필자

　이 장면을 통해 세종이 역사에서 성군으로 평가받을 수 있는 수많은 업적을 이룰 수 있었던 것이 태종이 행한 악업들 때문임을 알 수 있다. 태종의 보이지 않는 노력이 세종의 업적을 더욱 빛나게 한 것이다. 역사적으로 태종은 다양한 관점에서 비판을 받고 욕을 먹고 있다. 태종은 후대에 자신을 욕하는 이들이 많을 것을 알고 있었지만 후대 왕의 태평성대를 위해 자신을 희생했다.

　그런데 태종의 보이지 않는 희생은 본인의 치세부터 시작한다. 자신의 처가였던 여흥 민씨 집안의 숙청을 시작으로 며느리 집안까지 풍비박산 냈다. 작품에서도 그려지는데 세종의 부인이자 태종의 며느리인 소헌왕후에 대한 장면이 그려진다. 시아버지 태종이 자신의 친정을 도륙 냈던 일을 곱씹는 소헌왕후와 태종이 만나는 장면이 바로 그것이다. 이 장면은 서정적이면서 슬픔이 무대 가득히 묻어난다. 작품적인 각색이겠지만 소헌왕후가 마음을 달래려 궁중을 거닐고 있는데 상왕 태종을 만나게 된다. 그리고 태종이 소헌왕후 친정의 일에 대해 떠보는데 소헌왕후는 차마 진심을 말하지 못한다.

태종에 대한 원망의 말을 하지 못한 채 소헌왕후는 시아버지를 보낸다. 이후 소헌왕후는 자신의 심회를 넘버(노래)를 통해 절절히 표현한다. 그 장면을 보고 있으면 가슴 한구석이 시리면서도 촉촉한 느낌이다. 소헌왕후의 감정이 노래와 무대미술, 배우의 연기를 통해 감정적으로 몰입되면서 공감각적인 이미지가 그려진다. 작품의 모든 장면이 멋지고 좋지만 소헌왕후의 심정을 그려낸 이 장면은 항상 오래도록 기억에 남는다.

태종이 힘으로 세종을 뒷받침했다면 세종의 정비인 소헌왕후는 다른 관점에서 세종을 위해 보이지 않는 노력을 했다. 소헌왕후는 자신의 집안이 풍비박산 났지만 세종을 위해 모든 분노와 원망을 내려놓고 묵묵히 내조했다. 훈민정음은 세종과 집현전 학사들뿐만 아니라 세종의 자녀들과 소헌왕후의 조용한 내조를 통해 만들어졌다. 작품에서는 소헌왕후가 시력을 잃은 세종의 심사를 사려 깊은 말로 위로하는 장면이 그려지는데 이 장면에서 불리는 넘버와 무대연출은 꿈을 꾸는 듯하다.

관람일 캐스팅보드 ⓒ필자

이런 사례들로 봤을 때 세상이 빛나는 것은 빛나는 것보다 더 많은 그림자가 빛나는 것들이 더욱 빛날 수 있도록 뒷받침해주고 있음을 알 수 있다. 그리고 세상에 태어난 사람들은 저마다 가지고 태어난 역할이 있다. 그 역할이 균형적으로 제대로 활용됐을 때 세상은 더욱 빛날 수 있다.

## 세종의 애민정신을 현실로 만들어준 장영실

세종의 애민정신이 신분의 한계를 뛰어넘을 수 있도록 한 인물로 장영실이 있다. 조선의 신분제도 중 '노비종모법'이 있는데 어머니가 천민이면 그 자녀도 천민이라는 것이다. 장영실은 이 법에 따라 천민이었다. 하지만 장영실은 천민이었음에도 불구하고 세종의 강력한 뜻과 세종을 지지하는 신료들의 노력으로 관복을 입고 조선의 관리가 될 수 있었다. 세종이 장영실을 발탁한 이유는 그의 뛰어난 발명 능력 때문이다.

세종은 자신이 훈민정음을 창제한 뜻과 같이 시간과 하늘도 조선에 맞는 것을 백성들에게 주고 싶었다. 그래서 조선에 맞는 시간과 하늘을 가져다줄 능력을 가진 인재가 필요했고 이 때 찾은 인물이 장영실이었다. 장영실은 세종의 애민정신을 대표하는 사람으로 그가 가진 능력은 세종의 바람을 현실로 만들었다. 그는 조선의 시간과 하늘을 되찾을 수 있는 기구를 많이 만들었다. 앙부일구, 측우기, 혼천의, 자격루(물시계) 등이 바로 조선의 시간과 하늘을 백성들에게 되찾아 준 기구다. 하지만, 세종 때의 조선은 명나라의 제후국으로 원래 명나라의 시간과 하늘을 사용해야 했다. 그래서 장영실의 발명품이 명나라에 알려지면 외교적으로 큰 충돌이 일어날 수 있었다.

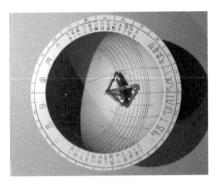

앙부일구(고궁박물관 소장) ⓒ필자

앙부일구(해시계) ⓒ국립고궁박물관 소장

작품에서도 이런 긴장감이 그려진다. 극의 후반부 명나라의 사신이 곧 당도한다는 소식이 세종의 귀에 들어간다. 세종은 장영실이 궁궐에 만들어 놓은 기구들을 지키려 노력하지만 장영실 스스로 자신이 만든 기구를 불태우고 세종을 위해 스스로 희생한다. 이것이 작품에서 그리는 장영실의 최후다. 그러나 실제 역사에서 장영실은 세종이 탈 가마를 부실하게 만들어 죄를 받아 역사의 뒤안길로 사라진다. 비록 역사에서 불명예롭게 사라지지만 장영실은 세종의 애민정신을 대표하는 인물이다. 장영실은 사라졌지만 세종의 애민정신이 가득담긴 많은 과학기구들이 조선후기까지 꾸준히 사용됐다. 대표적인 기구는 바로 앙부일구로 19세기 그려진 동궐도에 그려진 것을 보면 궁에서도 앙부일구를 사용했음을 알 수 있다.

# 백성을 진심으로 사랑했던 세종의 이야기가 담긴 곳을 찾아서

세종은 왕이 될 수 없는 왕손이었다. 하지만 그의 첫째 형 양녕대군이 세자의 자리에서 쫓겨나면서 당시 많은 사람들이 왕재로 칭했던 셋째인 충녕대군이 세자가 됐다. 그리고 얼마 후 조선 역사상 드물게 왕이 살아있을 때 세자에게 왕위를 물려주면서 마침내 세종이 탄생했다. 대체로 세종이 총명했기에 조선의 왕이 될 수 있었다고 하지만 다른 이야기도 있다. 바로 첫째였던 양녕대군이 보기에 충녕대군이 총명했고 왕의 자리는 자신의 것이 아니라 여겨서 동생에게 양보했다는 이야기가 있다. 이는 모두 한번쯤은 들어봤을 것이다.

아무튼 세종은 시대가 선택했고 당시의 많은 사람들이 선택한 진정한 왕이었다. 그런 세종의 숨결을 서울을 비롯해 여러 곳에서 찾아볼 수 있다. 세종이 태어난 곳은 현재 사람들이 대체로 서촌이라 부르는 효자동이다. 조선건국 후 수도를 개경(개성)에서 한양으로 옮기면서 태종과 원경왕후가 효자동에 살았다. 그래서 세종은 효자동에서 태어났고 이곳에서 그는 성장했다. 세종은 아버지인 태종보다 어머니인 원경왕후를 더 많이 닮은 것 같다. 태종의 모습도 보이지만 그보다 원경왕후의 모습이 더 많이 보인다.

그에 비해 양녕대군은 태조와 태종을 많이 닮았다. 문인보다 무인의 기질이 더욱 강하다. 양녕대군의 성격이 그러했기에 아버지인 태종과 더 부딪혔던 것이다. 반면 세종은 문인의 기질이 강했다. 하지만 세종은 부모인 태종과 원경왕후가 고려인 출신이었기에 고려인의 기질도 가지고 있는 듯

했다. 어쨌든, 장영실을 통해 백성들에게 조선의 시간과 하늘을 가져다주려 한 세종의 노력에 그의 애민정신이 묻어난다. 이런 세종의 이야기는 한반도 곳곳에 담겨 있다. 특히 경복궁과 효자동에 많은 이야기가 있다.

경복궁 근정전 ⓒ필자

세종의 정치무대는 대체로 경복궁이다. 현재 우리가 볼 수 있는 경복궁은 고종 대 흥선대원군이 중건한 모습이다. 이를 통해 공간도 시간에 따라 변하는 것을 알 수 있다. 무엇보다 궁궐은 국가의 정치가 이뤄지는 곳이자 왕실 사람들의 생활공간이다. 조선에는 여러 궁궐이 있었지만 현재 어느 정도 모습을 갖춘 궁궐은 4곳이다. 일제강점기를 거치면서 여러 궁궐들의 모습이 변하고 망가졌다. 해방 후 지금의 모습을 갖추는 데에 거의 60년이 걸렸다. 사실 지금도 궁궐들은 제 모습을 찾기 위해 고군분투중이다. 이런 궁궐들 중 경복궁에 세종에 대한 이야기가 가장 많이 남아있다.

경복궁은 정도전이 조선을 건국하면서 설계한 조선의 첫 번째 궁이다. 그런데 아이러니하게도 정도전은 경복궁을 중심으로 일어났던 제1차 왕자의 난 때 태종에 의해 죽음을 맞이했다. 더불어 경복궁에서 당시 세자였던 신덕왕후의 둘째 아들 방석도 세상을 떠났다. 조선 건국 후 경복궁에 뿌려진 피가 많아서였을까 태종은 경복궁을 싫어했다. 그래서 창덕궁을 짓고 경복궁보다는 창덕궁에 주로 머물렀다. 하지만, 태종이 경복궁을 싫어했던 것과 달리 세종은 경복궁에서 많은 업적을 이뤘다. 무엇보다 장영실이 발명한 여러 과학기구가 설치됐던 곳이 경복궁이었다. 지금은 사정전 앞에 있는 앙부일구가 그 사실을 말해줄 뿐이다.

그래서인지 경복궁과 가까운 곳인 종로에서 최근 자격루의 일부분이 발견됐다. 더불어 조선 전기에 제작된 금속활자가 발견됐다. 이 유물들은 현재 국립고궁박물관 조선의 과학사를 전시한 전시실과 궁중유물을 격납하는 수장고에 있다. 기회가 된다면 실제 유물을 관람하러 현장을 한번 찾아보면 어떨까? 금속활자는 발견되었을 때 박물관의 특별기획전시가 열리기도 했다. 그리고 물시계인 자격루의 부속은 발견된 실물을 보고 자격루의 작동원리를 보여주는 영상을 통해 어디에 있었던 부품인지 유추할 수 있다. 물론 쉽게 상상이 되진 않겠지만 최소한 노력은 해봐야 하지 않을까?

그리고 장영실의 발명품 중에서 백성들에게 큰 의미가 있는 측우기가 있다. 역사적 가치가 있는 측우기를 볼 수 있는 곳은 국립기상박물관이다. 기상의 역사는 물론 인류의 기상관측의 역사와 문화가 있는 곳이다. 무엇보다 측우기는 세종의 애민정신이 고스란히 담긴 과학적 유물이다. 세종의 마음을 모두 들여다볼 수는 없겠지만 앙부일구, 자격루, 측우기 유물을 보면서 그 마음을 느껴보길 바란다.

더불어 세종의 최대 발명품인 훈민정음을 중심테마로 하고 있는 국립한글박물관이 있다. 세계적으로 자국의 언어를 기념하고 기리며 이의 역사와 문화를 연구하고 자료를 수집하는 박물관은 많지 않다. 현재 새 단장을 위해 휴관중이지만 한글의 역사와 문화를 다양한 전시된 유물을 통해 느껴볼 수 있다. 무엇보다 한글은 정보화시대에 안성맞춤인 문자로 여겨지는데 알파벳 다음으로 정보화시대 최적의 글자다. 훈민정음 해례본에 담긴 세종의 뜻은 대체로 현실화된다. 비록 지배층의 고지식함과 사대의 예를 포기하지 못하는 관리들의 어리석음으로 훈민정음이 오랫동안 지배층에게 무시당하지만 말이다.

또한 세종의 능인 영릉에 담긴 이야기를 들으면 영화 〈파묘〉 전체를 흐르는 중심 이야기가 떠오른다. 조상의 무덤을 잘못 쓰고 제대로 관리하지 않으면 그 후손들이 화를 입는 스토리 전개가 떠오를 것이다. 세종 사후에 그가 묻혔던 곳은 부모님의 능이 있는 헌릉이었다. 소헌왕후가 먼저 세상을 떠나면서 시부모 옆에 안장됐고 세종은 대신들에게 자신이 죽으면 왕후 옆에 함께 묻어 달라한다. 하지만 한 지관(풍수사)이 소헌왕후의 장례를 치를 때 세종에게 한 말이 있다. 이곳에 능을 쓰면 장자의 혈통이 끊긴다는 것이다. 그러나 세종은 이를 무시하고 유언으로 조강지처인 소헌왕후 옆에 묻어 달라고 한다. 문종도 그렇고 여러 대신들도 세종의 유훈을 무시할 수 없어 소헌왕후 옆에 함께 안장한다. 하지만 세종이 헌릉에 묻힌 후 지관의 예언대로 장자의 혈통이 끊기기 시작한다. 이를 심각하게 받아들인 세조는 아버지인 세종의 능을 옮기려 하고 세조의 아들인 예종 대에 지금 세종대왕 능이 있는 여주로 옮기게 된다.

이후에 거짓말같이 왕실 장자 혈통의 저주는 사라지게 되고 세종대왕 능이 명당으로 조선의 역사가 100여 년은 늘었다는 평가를 받았다. 풍수지리는 비록 과학적으로 설명할 수는 없지만 조선왕실에서 과학보다 위에 있었다. 그래서 세종의 능이 여주로 옮겨졌다. 더불어 소헌왕후와 관련해서 수원 광교박물관 근처에는 소헌왕후의 아버지 심온의 묘가 있다. 소헌왕후는 청송 심씨 가문으로 조선시대 나름대로 명망 있는 집안이다. 비록 시아버지 태종에 의해 집안이 풍비박산나지만 훗날 신원이 복권된다.

또한 세종의 애민 정신을 담은 기구를 많이 만든 장영실의 묘와 기념관이 현재 충남 아산에 있다. 서울과 경기도, 충남 등 세종대왕의 발자취와 숨결을 느낄 수 있는 다양한 문화유산이 있는 곳으로 기회가 될 때마다 도장 깨기 하듯 세종의 흔적을 찾아가 보면 어떨까?

**"불통의 시대인 요즘 우리에게 필요한 것은 바로 세종의 마음일지도 모른다. 원활한 소통을 위해 필요한 자세와 마음을 갖춰보는 것은 어떨까?"**

## 프리한 학예사의 체크체크

⊘ 태종, 양녕대군, 소헌왕후, 장영실 : 인물관계는 기본으로 알아두고 갑시다.

⊘ <대왕세종>, <뿌리 깊은 나무>, <천문:하늘을 묻다> : 세종대왕이 나오는 미
디어 콘텐츠를 추가로 감상하면 보다 다양하고 깊이 있는 감상을 할 수 있어
요.

⊘ 훈민정음 반포와 훈민정음 해례본 서문에 대해서 미리 알아보고 가면 이해
가 쉬워요.

## 원칙을 바로세우는 융통성의 손길

## 〈범 옹〉

〈범옹〉 포스터(2022)

## 운명을 거스르고 잘못 끼운 단추의 힘

조선전기 역사를 자세히 살펴보면 적장자의 왕위계승이 제대로 처음 이뤄지는 것은 5대인 문종 때다. 하지만 조선전기 적장자상속이 이뤄진 왕들은 일찍 세상을 떠나거나 적손들이 일찍 세상을 떠나는 경우가 많았다. 문종과 단종이 그 대표적 사례다. 문종이 재위 2년 만에 세상을 떠나고 단종이 계승했다. 그러나 세조로 인해 유배지에서 이른 나이에 세상을 떠났다.

그리고 세조의 장자인 의경세자도 세조 치세 초반에 세상을 떠났다. 더불어 연산군도 성종의 장자이긴 했지만 반정으로 왕위에서 쫓겨나 유배지에서 세상을 떠났다. 중종의 적장자인 인종도 왕위를 계승한 지 1년도 안되어서 세상을 떠난다. 이 같은 사례를 보면 조선이 개국하면서 왕위 계승의 원칙을 적장자상속으로 했지만 태조 때부터 이미 원칙은 깨졌고 설령 지켜졌더라도 적장자로 왕위에 오른 인물들이 일찍 세상을 떠나면서 적장자상속의 원칙은 유명무실해졌다.

태종도 적장자상속의 원칙을 이루고자 양녕대군을 일찍이 세자로 책봉하고 제왕 수업을 했다. 하지만 양녕대군의 기질과 행실이 차기 제왕으로 적합하지 않았기에 세자였던 양녕대군을 폐위시키고 세종(충녕대군)을 세자로 책봉했다. 태조 때는 그의 후처였던 신덕왕후의 계략으로 막내아들이었던 방석이 세자가 되면서 '적장자상속'이라는 조선 왕위계승의 원칙이 깨졌다. 이렇게 조선건국 초반부터 적장사장속의 원칙은 유명무실했다. 세종은 아버지인 태종과 할아버지인 태조가 조선의 왕위계승 원칙인 적장자상속을 이뤄내지 못한 것에 대한 원을 풀어주듯이 수양대군(훗날 세조)이 왕의 자질을 갖추고 있음에도 불구하고 적장자였던 문종을 다음 왕으로 밀었다. 세종의 이러한 선택은 결과적으로 왕실에 비극을 가져왔다.

이 작품은 수양대군이 세조로 왕위에 오르는 과정을 보여주면서 우리에게 질문을 던진다. '과연 조선은 왕위계승의 원칙을 적장자상속으로 정해야 했을까?'라고 말이다. 그리고 작품 전체를 관통하는 화두가 있는데 '둘째는, 2인자는 그림자로만 남아야 할까?'이다. 이 화두가 가장 잘 드러나는 순간은 세조의 초반 독백장면이다. 이 때 부르는 넘버의 가사를 통해 왕이 될 수 없었던 세조가 가졌을 울분을 느낄 수 있다. 작품을 통해 관객들에게 던지는 질문은 여러 가지겠지만 그중에 1등에 가려지는 2등들에 대한 질문이 비중이 가장 크다.

　앞에서 언급했듯이 조선전기엔 적장자로 왕위를 계승한 인물보다 둘째, 셋째, 그리고 방계가 왕위를 계승한 경우가 많다. 〈세종, 1446〉에서 언급된 세종 능에 대한 이야기처럼 적장자에 대한 저주가 걸린 것이 아닐까? 그렇다고 조선후기에 이 저주가 풀렸다고 할 수 없다. 조선 전기보다 후기에 적장자 혹은 적손이 왕위를 계승한 경우가 많은 것은 사실이다. 하지만 대한제국까지 왕위나 황위를 계승한 인물의 출생 서열을 봤을 때 첫째보다는 둘째, 셋째, 그리고 방계가 많다. 어쩌면 태조가 잘못 끼운 왕위계승의 첫 단추로 인해 벌어진 역사일 수 있다. 작품의 조연이지만 주인공 같은 세조가 일으킨 계유정난도 이러한 역사적 상황을 불러왔다고 할 수 있다. 조선 및 대한제국이 나라의 문을 닫을 때까지 진정한 적장자 상속은 조선전기에 4번, 조선후기에 2번, 적손 상속은 조선후기에 2번이다. 이정도면 조선은 무엇 때문에 왕위계승의 원칙을 적장자 상속으로 설정했는지 의문이 아닐 수 없다.

세조어진 스케치본 ⓒ 국립고궁박물관 소장

## 무리한 원칙의 고수로 뿌려진 왕실 비극의 씨앗

세종의 적장자상속 선택은 그의 무리한 욕심이었다. 냉정하게 봤을 때 문종은 제왕이 될 인물은 아니다. 문종도 총명하긴 했지만 왕의 그릇은 오히려 둘째인 수양대군이었다. 세종도 알고 있었던 것 같지만 아버지와 할아버지의 이루지 못한 소원을 이뤄주기 위해 무리하게 적장자상속을 밀어붙였다. 이 선택으로 조선 왕실의 역사는 그 문을 닫을 때까지 다사다난했던 것이 아닐까?

이 작품이 초점을 맞추고 있는 인물은 세조가 된 수양대군과 역사에서 영원한 2인자인 신숙주다. 두 인물의 공통점은 바로 두 번째라는 것이다. 수양대군은 세종과 소헌왕후의 둘째아들이고 신숙주는 한명회의 그림자에 가려진 2인자다. 단종을 밀어내고 조선의 왕이 된 수양대군도 그렇지만 항상 역사에서 한명회의 그림자에 가려 능력과 업적을 제대로 평가받지 못한 신숙주를 무대 정면으로 소환했다. 수양대군과 신숙주를 빛이 있는 메인무대로 소환하여 그들의 이야기를 듣는 작품이다. 새롭게 바라본 그들의 인생과 업적, 그리고 인물들의 심리묘사를 통해 대중에게 어필하고 있다. 그러면서 우리의 삶에서 중요한 것은 등수도 세상의 관심도 아닌 스스로의 삶을 각자 어떻게 만들어나가는지가 중요하다고 말한다.

작품은 계유정난이 일어나기 얼마 전부터 시작한다. 수양대군은 숨기고 있던 발톱을 서서히 드러내며 둘째였기에 가질 수 없었던 왕의 자리로 느린 듯 빠르게 걸어간다. 수양대군의 이 걸음을 함께한 사람들이 있는데 작품에서는 신숙주로 대표된다. 작품에 등장하는 신숙주 캐릭터 속 신숙주를 제외한 다른 한 명의 캐릭터가 섞여있다. 바로 한명회다. 더불어 신숙주의 오랜 친구로 등장하는 성삼문은 우리도 잘 아는 사육신 중 한사람이다. 실제 역사에서 신숙주는 한명회를 통해 수양대군에게 포섭되지만 작품에서는 수양대군이 직접 유비가 제갈공명을 포섭하는 것처럼 신숙주를 직접 찾아가 포섭한다. 그리고 신숙주의 오랜 친구인 성삼문도 수양대군 자신의 거사에 포섭하려 하지만 뜻대로 되지 않는다.

작품은 역사적 사실과 각색된 허구가 절묘하게 섞여 있다. 작품에서 1명의 인물이지만 2명의 인물이 표현되는 신숙주의 모습을 살펴보면 그의 모습에서 수양대군에게 적극적으로 대시하는 한명회의 모습을 찾아볼 수 있다. 신숙주의 오리지널한 모습은 극중에서도 등장하는 수양대군과 신숙주가 명나라 사절로 가는 모습이다. 신숙주는 역사기록에 등장하는 것처럼 언어천재였다. 중국어의 경우 통역관 없이도 의사소통이 가능한 수준이었다고 한다. 실제 역사에서도 그렇고 작품에서도 그렇고 수양대군과 신숙주가 명나라로 떠난 이유는 명나라를 상대로 단종의 왕위계승 승인을 받아오기 위한 것이었다.

작품에서 허구와 사실을 쉽게 구분할 수 없게 묘사되는 인물은 성삼문이다. 작품에 표현되는 성삼문의 모습 대부분이 실제 역사와 일치하기 때문이다. 비록 수양대군이었던 세조에게 옥새를 전달하면서 공신이 되지만 단종 복위사건에 연루되어 작품에서는 표현되지 않지만 비극적인 죽음을 맞이한다. 이 장면은 작품의 가장 하이라이트 장면으로 넘버 '두개의 태양'을 통해 그려진다. 무대에서 그려지는 계유정난의 장면은 앞으로 성삼문에게 닥칠 비극의 시작을 의미한다. 이 장면을 기점으로 성삼문이 단종의 복위를 위한 거사를 준비하는 장면들이 그려진다.

작품에서 신숙주와 한명회의 캐릭터를 서로 섞은 것은 신숙주가 항상 한명회의 그림자에 가려져 제대로 평가받지 못하는 역사에서의 억울함을 풀어주려 한 것이 아닐까? 신숙주는 역사에서 2인자로 평가받을지 몰라도 실제 역사에서 장원급제를 한 인물이다. 개인의 인생에서 1등을 해본 경험이 있는 인물이다. 냉정하게 생각하면 작품에 등장하는 세 명의 인물인 수양대군, 신숙주, 성삼문 중 인생에서 단 한번도 1등을 해본 적 없는 인물은 수양대군뿐이다. 성삼문은 첫째아들로 태어나면서부터 '1'이라는 숫자를 달고 나온 인물이다.

오롯이 2등인 수양대군은 힘으로라도 1등을 차지하기 위해 난을 일으킨다. 그것이 계유정난인데 작품에서는 2등밖에 할 수 없는 수양대군이 오랫동안 꾹꾹 눌러온 울분과 야심을 터트리는 사건으로 표현된다. 더불어 신숙주는 실제 역사 속 한명회보다 더 강하게 그려지는데 신숙주의 가식이었겠지만 수양대군에게 그를 위협할 수 있는 인물들을 무자비하게 숙청하도록 요구한다. 작품에서라도 한풀이를 하는듯한 느낌이다. 제목이 〈범옹〉인 것과 관련이 있다. '범옹'은 신숙주의 자[1]로 작품을 통해 신숙주의 '2인자'라는 꼬리표를 뗄 수 있기를 기원하는 듯하다. 역사에서 2등일 수밖에 없는 인물들을 메인으로 조명하면서 그들이 역사에서 받았을 서러움을 대신 어루만져준다.

조선왕실에서 둘째로 왕이 된 인물은 건국 초기부터 보이는데 제2대 왕인 정종이 있고 세조, 예종, 성종, 중종, 효종, 영조 등이 있다. 기준에 따라 더 늘어날 수도 있는데 조선의 26명의 왕을 보면 적장자 혹은 장자가 왕위를 계승한 것보다 둘째와 그 이상의 형제서열에 있던 왕자가 선왕의 왕위를 이어받은 왕이 많다. 이 작품은 수양대군과 신숙주로 대표되는 2등일 수밖에 없는 인물들이 가진 야심과 그 야심을 이뤄내는 과정을 그리고 있다. 더불어 인물들 간의 이해관계와 심리를 적나라하게 묘사하면서 관객들에게 질문을 던지고 있다.

## 작품을 구성하는 모든 것이 상징이고 이야기다

작품에서 수양대군이 부르는 넘버 중에 자신이 둘째였기에 받았던 서러움을 표현하는 것이 있다. 듣는 순간 너무나 수양대군의 마음을 잘 담고 있다는 생각이 들었다. 더불어 배우들이 작품에서 착용하는 의상들에도 캐릭터를 상징하는 디테일들이 들어가 있는데 그중에서 신숙주의 관복은 현재까지 내려오는 그의 초상화를 기반으로 의상을 고증했다. 이 초상화는 우리에게 다양한 역사적 사실을 알려주는데 관복에 흉배가 들어간 시기를 추정할 수 있게 한다. 그리고 성삼문이 착용하고 나오는 평상복의 색감이나 옷감의 무늬가 선비의 품격을 나타내는 매화무늬다. 특히, 관복을 착용하고 나올 때 관모 대신 두르는 띠에 매화무늬가 있는데 성삼문의 지조와 절

신숙주 초상화 ©국가유산청

개를 나타내는 의상 속 디테일이다. 무엇보다 성삼문의 호[2]인 '매죽헌(梅竹軒)'과 일맥상통한다.

또한, 수양대군이 계유정난을 일으키고 단종으로부터 어보를 받은 후 부르는 넘버인 '두 개의 태양'에서 '한 나라의 왕이 두 명일 수 없으니'라는 가사를 통해 수양대군이 단종을 왕위에서 내려오도록 한 이유를 알 수 있다. 더불어 무대미술로 표현된 것 중 왕의 상징인 '일월오봉도'를 통해 왕을 뜻하는 것이 태양임을 알 수 있다. 이를 통해 작품에서 표현되는 모든 것은 모두 이유가 있기에 표현된다는 것을 알 수 있다.

## 사람은 세상을 떠났지만 공간엔 그 흔적이……

정독도서관 입구 성삼문 선생님 집터 표지석
©필자

정독도서관 입구 성삼문 선생님 집터 표지석 확대본
©필자

작품 속 인물 및 사건과 관련된 공간은 시간이 흐르면서 그 모습이 변한다. 하지만 그 흔적은 어떤 형태로든 찾을 수 있다. 사육신의 한 사람으로 지조와 절개의 끝판왕인 성삼문의 집터는 현재 정독도서관 입구 쪽이다. 그곳에 성삼문 집터 표지석과 함께 장원서터 표지석이 있다. 장원서는 지금으로 치면 농림식품부로 궁중의 원(園), 유(囿), 화초, 과물 등을 관리하고 가꾸는 기관이다. 표지석 두 개가 나란히 함께 있는 것이 세조가 성삼문을 죽이고 그의 집을 허문 자리에 '장원서'라는 관청을 세운 것이 아닐까 한다.

이렇게 생각하는 이유는 연산군 때 상선영감으로 내시의 수장이었던 김처선이 연산군에 의해 겪어야 했던 일 때문이다. 김처선이 연산군에게 충언을 올리자 화가 폭발한 연산군은 그를 잔인하게 죽이고 그의 집을 허물어 그 자리를 '소'라는 깊은 연못으로 만들어버

장원서터 표지석 ©필자

렸다. 이는 실제 역사에 기록된 내용으로 전제왕권 시대에 왕의 심기를 건드렸을 때 이성적인 왕이라면 이 정도까진 아니겠지만 연산군과 같은 폭군이라면 충분히 일어날 수 있다는 것을 보여준다.

그리고 성삼문이 사육신이 되는 옥사의 현장은 경복궁의 사정전으로 왕의 업무 공간인 편전이다. 시간이 오래 흐르긴 했지만 사정전에 가서 잠시

나마 죄인과 임금으로 만난 성삼문과 세조의 팽팽한 신경전 분위기를 느껴 보는 것은 어떨까?

**경복궁 사정전 ⓒ필자**

또한 수양대군이 단종으로부터 어보를 받았던 장소는 경복궁의 경회루로 본래 왕실의 정자이자 연회와 같은 행사를 치르는 곳이다. 수양대군이었던 세조는 이곳에서 성삼문에게 옥새를 받고 조선 제7대 왕위에 오른다. 작품에서도 표현되는데 드라마나 영화처럼 생생하게 느껴지지는 않는다. 다만 수양대군을 끝까지 임금으로 생각하지 않았던 성삼문이 사육신의 옥사가 일어나기 전에 공신으로 책봉되었던 이유를 이 장면을 통해 알 수 있다. 조선왕조실록에도 수양대군에게 옥새를 건넨 것은 성삼문이라고 기록되어 있다. 그리고 이건 여담이지만 성삼문과 같은 사육신을 기리는 기념관이 서울시 동작구에 위치한다.

경복궁 경회루 ⓒ필자

    역사에서 항상 한명회의 그림자에 가려져 잘 보이지 않는 인물인 신숙주가 당대에 남긴 기록이 있다. 바로 일본과 유구국의 역사기록으로 『해동제국기』다. 이 책은 신숙주가 성종의 명으로 저술한 기록으로 그가 일본통이자 언어천재였음을 알려주는 유물이기도 하다. 조선시대 외국어를 잘하는 사람은 주로 역관들로 양반이 외국어를 하는 일은 거의 없었다. 하지만 신숙주는 양반임에도 불구하고 다수의 외국어를 잘했다. 이 책은 국립중앙박

해동제국기 ⓒ국립한글박물관 소장

해동제국기 ⓒ국립중앙박물관 소장

물관에 일제강점기 때의 제작본이 소장되어 있으며 국립한글박물관에는 조선후기에 훈련도감에서 인쇄한 훈련도감자본이 소장되어 있다.

"세상의 모든 것은 사람에서 시작해서 사람으로 끝난다. 원칙 또한 사람이 만든 것으로 완벽하지 않다. 그러기에 우리는 규정이나 규율을 너무 촘촘히 정할 필요가 없다. 때로 융통성이 발휘될 수 있는 여유는 남겨놔야 하지 않을까?"

## 프리한 학예사의 체크체크

- ⊘ 성삼문, 신숙주, 한명회 등 수양대군과 관련된 인간관계를 알고 가면 작품에 더욱 몰입할 수 있다.
- ⊘ 수양대군(훗날 세조)과 관련된 미디어 콘텐츠인 영화 <관상>, 드라마 <왕과 비>, <공주의 남자> 등을 보고 간다면 비교하면서 보는 재미가 더할 것이다.
- ⊘ 작품에 나오는 모든 넘버들이 좋지만 특히 주의 깊게 들어 볼 넘버는 '꿈을 꾸어라'와 '두 개의 태양' 등이 있다. 수양대군의 삶과 신숙주가 수양대군과 함께한 이유를 넘버들을 통해 추정해볼 수 있다.
- ⊘ 조선시대 관복에 흉배가 사용된 시기는 신숙주의 초상화를 통해 추정해볼 수 있다.
- ⊘ 조선시대 왕을 상징하는 물건들이 많은데 그 중에서 가장 널리 알려진 것은 '일월오봉도'다.

왕실의 잘못된 선택이 불러온 파멸

# 〈미수〉

〈미수〉 포스터(2022)

## 가족에게도 양보할 수 없는 권력과 야심

　본 작품은 왕이 된 세조가 선왕이면서 조카인 단종에 대한 모든 것을 지우려는 모습을 그린다. 앞의 작품 〈범옹〉과 연결해서 보면 좋은 작품이다. 〈범옹〉이 왕좌를 차지하기 위한 수양대군의 분투와 신숙주에 대한 재평가를 요구하는 작품이라면 〈미수〉는 세조가 왕으로서 자신의 권위를 세우는 과정에서 흘린 피에 대한 업보를 후속세대가 푸는 모습을 보여준다.

작품 처음에 세조가 부르는 넘버에서 단종의 본명이 등장한다. 이 작품이 조선시대에 만들어졌다면 있을 수 없는 일이다. 조선시대에는 왕의 부모를 제외한 그 누구도 왕의 본명을 부를 수 없었다. 단종의 본명은 이홍위로 작품에서는 '홍위의'라고 표현된다. 왕이 된 세조가 조카인 단종의 본명을 부르는 모습에서 작품의 시작에 이미 단종의 신분이 왕에서 왕자로 강등되었음을 알 수 있다. 단종이 아직 상왕의 자리에 있었다면 세조는 그의 본명을 부르지 못했을 것이기 때문이다.

이 장면에서 단종을 옹호하는 여러 사람들의 목소리가 들리는데 그 중에 단종의 누이인 경혜공주의 목소리가 있다. 경혜공주 목소리가 말하는 것은 조선왕실의 왕위 계승원칙인 적장자상속이다. 이 말에 세조는 할아버지와 아버지의 사례를 들먹이며 적장자상속은 이미 유명무실하다고 말하고 있다. 세조와 경혜공주 목소리와의 대화는 본 작품이 범옹과 연결되는 작품이고 나아가 세종의 적장자 선택이 조선왕실의 끝나지 않는 비극을 불러왔다고 말하고 있다. 더불어 세조는 자신이 왕이 되었음에도 이미 왕좌에서 내려 온 단종을 더 왕으로 생각하는지 불만을 표출하고 있다.

역사적으로 단종이 폐위되고 왕자신분으로 강등되면서 단종을 지지했던 사람들은 세조의 칼을 피할 수 없었다. 우선 단종 본인이 영월에 유배되고 그의 조강지처인 정순왕후 송씨는 왕비의 자리에서 쫓겨나 궐 밖에서 살게 된다. 그리고 세조의 동생인 금성대군은 단종을 다시 왕으로 복위시키려다 세조에게 들켜서 세조의 칼을 맞는다. 이 때 경혜공주(敬惠公主)와 그의 남편인 부마 정종(鄭悰)에게도 세조의 칼이 다가온다. 작품의 제목인 '미수'는 바로 경혜공주와 부마 정종 사이에서 태어난 아들의 이름인 '정미수'에서 왔다. 정미수는 유복자로 경혜공주 남편인 정종이 금성대군의 단종 복위사건에 연루되어 거열형(일명 능지처참)[3]으로 세상을 떠날 때 경혜공주 복중에 있던 아이다.

이 작품은 바로 정미수가 훗날 성종이 되는 자을산군과 나누는 브로맨스와 함께 세조와 정미수 사이의 은원관계를 자을산군이 풀어주는 내용이다. 무엇보다 권력은 가족과도 나눌 수 없음을 명확하게 보여준다. 그래서 경혜공주는 혼례를 올리고 얼마 되지 않아 남편을 잃게 되고 본인도 도저히 왕족이라고 생각할 수 없는 생활을 하게 된다. 심지어 세조는 자신의 형수가 되는 현덕왕후 권씨의 능도 무참히 파헤쳐 훼손하는 만행을 저지른다. 훗날 단종이 복권되면서 그와 함께 단종의 어머니인 현덕왕후의 능도 정비된다.

세조는 자신의 왕위와 권력을 지키기 위해 혈연으로 연결된 친지들에게 감당하기 힘든 비극을 한동안 끊임없이 몰아쳤다. 이를 통해 '권력'이라는 것이 얼마나 무자비하고 냉혹한 것인지 느낄 수 있다. 더불어 권력을 손에 쥐기 위해서는 권력이 손에 쥐어질 때까지 사람으로 사는 것이 힘들다고 말한다. 그만큼 권력은 잔인하고 냉혹하지 않

관람일 캐스팅보드(2023) ⓒ필자

으면 가질 수 없는 요물이다. 정미수가 유복자로 태어난 것도, 어린 시절에 불우한 삶을 살았던 것도 세조가 손에 쥔 권력 때문이다. 그리고 세조의 왕실가족에 대한 피의 숙청은 대한제국이 일제의 식민지로 전락할 때까지 끊이지 않는 왕실 비극의 씨앗이 됐다.

## 두 왕실 여인의 파란만장한 평행이론

작품에서 그리는 것은 세조의 손자 자을산군과 조카손자인 정미수의 이야기지만 그 밑에 깔린 이야기와 메시지가 가리키는 것은 정미수의 어머니 경혜공주와 자을산군의 어머니 인수대비(소혜왕후:昭惠王后)의 파란만장한 평행이론과 같은 인생사다. 정미수와 경혜공주, 자을산군과 소혜왕후의 삶을 보면 정말 묘하게 서로 대칭된다. 자을산군은 세조의 맏아들인 의경세자와 소혜왕후 사이에서 태어난 둘째아들이다. 자을산군은 형인 월산대군이 있지만 작품에서 자을산군을 그리고 있는 이유는 자을산군이 예종[4]의 뒤를 이어 조선의 9대 왕이 되기 때문이다. 무엇보다 파란만장한 삶을 산 두 여인에게 두 인물의 존재는 힘든 상황 속에서도 살아가야 할 이유를 줬다.

작품을 보면 양극단의 삶을 사는 두 모자(母子)의 모습을 생각할 수 있다. 두 모자는 세조를 중심으로 양쪽의 혈연관계에 속한다. 한쪽은 외가이고 다른 한쪽은 친가다. 미수의 입장에서 자을산군은 이종사촌이다. 작품은 사촌 간에 가족의 정보다 우정이 더 강하게 발휘되는 모습을 그린다. 그리고 작품의 행간에 담긴 두 모자의 삶을 살펴보면 처지는 천지차이가 나지만 삶의 궤적은 묘하게 평행을 그린다. 두 여인 간에도 가족관계가 성립한다. 경혜공주는 소혜왕후에게 사촌시누이뻘이고 소혜왕후는 경혜공주에게 사촌올케다. 세조를 중심으로 한쪽은 조카딸이고 한쪽은 며느리로 가족관계 속에 평행이론의 삶을 살다 간 두 여인의 미묘한 관계가 유독 눈에 띤다. 세조가 일으킨 피바람으로 두 여인은 서로 의도하지 않은 삶의 고통과 시련을 겪어야 했다.

경혜공주는 문종의 맏딸로 할아버지인 세종과 아버지로부터 큰 사랑을 받으며 궁에서 자랐다. 하지만 경혜공주의 삶을 살펴보면 행복한 순간보다 슬프고 힘들었던 순간이 많다. 그녀는 어렸을 때부터 가족을 잃는 슬픔을 알게 됐다. 어머니를 시작으로 할머니, 할아버지, 심지어 아버지까지 경혜공주가 어리고 젊었을 때 세상을 떠났다. 특히 아버지인 문종이 세상을 떠나면서 경혜공주의 삶에 그녀가 감당하기에 버거운 시련과 고통이 서서히 닥치기 시작한다. 동생인 단종이 유배지에서 세상을 떠난 것도 감당하기 힘든데 뒤이어 남편도 세조의 칼에 무너져 형장의 이슬로 세상을 떠난다.

반면 소혜왕후는 당시 세도가문이었던 한씨집안 한확의 막내딸로 그녀의 고모들이 명나라 황제의 후궁이었다.[5] 그리고 소혜왕후의 언니는 군부인으로 왕실과 겹사돈을 맺고 있었다. 그래서 한확은 명나라와의 외교에서 중요한 역할을 했고 집안의 세도 또한 엄청 컸다. 이렇게 남 부러울 것 없는 가정에서 성장한 소혜왕후는 세조의 맏아들인 의경세자와 결혼했다. 그리고 시아버지인 세조가 왕위에 오를 수 있도록 물심양면으로 도왔다. 그래서 역사기록뿐만 아니라 다양한 콘텐츠에서 세조가 며느리를 좋아하는 모습이 그려진다.

세조가 왕이 된 후 시간이 조금 지난 후에야 소혜왕후와 의경세자는 궐로 들어갈 수 있었다. 하지만 소혜왕후의 궐 생활은 그리 오래가지 않았다. 남편이었던 의경세자가 세상을 떠나면서 궐을 나와야 했기 때문이다. 궐밖으로 나온 소혜왕후는 세상을 떠난 의경세자를 위해 아이들을 정성으로 키운다. 그리고 총명한 자을산군이 성장하는 것을 지켜보며 언젠가는 다시 궐로 돌아가리라 다짐한다. 그녀의 다짐은 오래지 않아 현실이 됐는데 자을산군이 조선의 제9대 임금인 성종으로 왕의 자리에 올랐기 때문이다.

소혜왕후가 다시 궐로 돌아간 것과 달리 경혜공주는 남편을 잃고 유복자인 미수를 자신의 목숨을 걸고 온갖 고초를 겪어가며 키웠다. 작품에서 미수가 남자아이임에도 불구하고 목숨을 부지할 수 있었던 이유를 실제 역사와 다르게 그리는데, 어머니인 경혜공주가 아들을 딸로 둔갑시켜 키운 것으로 그려진다. 작품에서 자을산군이 미수를 여자아이로 기억하고 있는 것도 이 때문이다. 작품엔 그려지지 않지만 경혜공주가 다시 세조를 아이들과 함께 만났을 때 그녀는 더 이상 공주가 아니었다. 그녀가 겪은 모진 풍파는 그녀를 좀먹었다. 그리고 세조가 훗날 경혜공주가 여생이라도 편하게 살 수 있도록 배려했을 때 그녀는 정희왕후에게 아이들을 맡기고 '정업원'이라는 절에 들어간다. 경혜공주는 절에 들어가서 세상을 떠날 때까지 남편의 극락왕생과 아이들의 무사무탈을 기원했다.

소혜왕후는 당시로서 장수한 편으로 연산군 대에 세상을 떠난다. 그녀는 아들이 왕위에 오르면서 대비가 되었고 아들의 치세기에 대비로서 누릴 수 있는 모든 것을 누렸다. 심지어 그녀는 여성으로서 갖추어야 할 덕목을 정리한 『내훈』을 저술했다. 이는 소혜왕후의 총명함을 보여주며 조선의 여성상 특히 왕실 여성으로서 갖춰야할 덕목이 정립되는 데에 큰 역할을 한다.

두 여인의 삶을 비교했을 때 미묘하게 평행이론으로 맞아 떨어진다는 것을 알 수 있다. 무엇보다 작품의 행간에 두 여인의 삶을 가려놓은 것은 정미수와 자을산군 그리고 경혜공주와 소혜왕후 모두를 끌어안을 수 있는 중심인물이 세조이기 때문이다. 세조가 두 모자의 연결고리인 것이다. 또한 제목이 '미수'인 것은 세조의 손에 묻은 피가 씻겨나가기 시작하는 시점이 세조의 손자 대부터 시작된다는 것을 암시한다. 작품 후반부에 그려지는 자을산군과 정미수 그리고 세조의 삼자대면 장면이 이를 잘 보여준다. 본 작

내훈 ⓒ국립한글박물관 소장(훈련도감자본)　　　내훈(국립고궁박물관 소장) ⓒ필자

품은 미수와 자을산군의 브로맨스를 보여주는 듯하다. 그러나 작가가 말하고 싶었던 것은 당대에 일어난 사건의 은원은 풀기 힘들고 그 은원을 풀 수 있는 사람들은 후대 사람들로 빨리 시작했을 때 손자 대부터라는 것이다.

## 시대착오적으로 작품에 등장하는 책

작품에서 세조가 자을산군을 이용해서 정미수를 한양 도성으로 불러오기 위해 내놓은 미끼 아이템 중에 『정감록』이 있다. 이 아이템은 여러 박물관에 소장돼있는데 작품에 등장하기엔 시기적으로 안 맞는다. 시간적으로 맞지 않음에도 불구하고 작품에 등장한 이유는 정감록을 저술했다는 인물의 성이 '정씨(鄭氏)'고 미수와 그의 아버지 정종의 성도 '정'이었기 때문이다. 무엇보다 정종과 정감록을 퍼트린 정씨(鄭氏) 모두 역적으로 낙인찍혀 세상을 떠났기 때문이다.

『정감록』은 본래 조선 후기에 등장하는 예언서로 당시 백성들 사이에 유행했던 도참설이 담긴 책이다. 왕실과 국가에서는 이런 도참설이 담긴 책을 금서로 지정하며 철저하게 유통을 금지했다.

정감록 ©국립대구박물관 소장

그러나 사람들 사이에서 몰래 소리 소문 없이 퍼졌던 듯하다. 더불어 이런 도참설이 담긴 예언서는 조선 중기인 임진왜란을 전후로 세상이 흉흉하던 시절에 널리 전국적으로 퍼지기 시작한다. 비록 작품에서 시대착오적으로 등장했지만 작품에서 성인이 된 정미수와 자을산군을 만나게 하는 아이템이자 세조의 무서운 속셈이 담긴 아이템의 역할을 한다.

## 조선의 서울인 한양에 얽힌 시간의 레이어

작품의 공간적 배경은 조선의 서울 한양을 중심으로 조선 팔도의 여러 곳에 있다. 특정 공간의 이미지만을 무대에 연출할 수 없어 무대미술을 추상적으로 표현하는 것을 선택했다. 궁궐은 물론 한양에 있는 양반집과 종친의 집 그리고 종친과 양반의 유배지 등등 전국 여러 곳곳이 작품의 공간적 배경이다. 세조를 중심으로 얽히고설킨 인물들 간의 이야기를 표현하기에 가장 안성맞춤인 무대를 구성했다.

작품의 배경이 되는 공간의 시작은 경복궁이다. 경복궁을 중심으로 한양에 많은 공간적 배경이 있다. 무엇보다 경복궁은 임진왜란을 기점으로 나뉘는 조선 전기와 고종 대부터 대한제국 때까지의 시간이 주로 담겨 있다. 경복궁은 임진왜란으로 불에 타면서 270여 년간 폐허로 남아있었고 일제강점기를 거치면서 크고 작은 수난을 많이 당했다.

경복궁은 정도전이 설계한 조선의 법궁으로 조선 초부터 많은 사람들의 피가 흐른 곳이다. 창덕궁이 세워진 것도 경복궁에 흐른 피가 싫었던 태종에 의해서다. 도둑이 제 발 저린다고 태종 본인이 경복궁에서 많은 피를 흘

렸기에 경복궁에서 제정신으로 살아갈 수 없었기 때문이다. 그리고 폐허로 남아있던 경복궁을 흥선대원군이 중건하면서 창덕궁에 빼앗겼던 법궁의 지위를 다시 가져오게 된다.

하지만 경복궁이 고종에게 슬픈 곳이 되면서 법궁의 지위도 점점 퇴색했다. 무엇보다 일제강점기를 거치면서 여러 전각들이 훼손 및 훼철되는 수모를 겪는다. 그러나 해방 후 국가주도로 다시 복원되기 시작한다. 광화문을 포함해서 점진적으로 복원하여 현재에 이른다. 비록 아직 복원 사업이 끝난 것은 아니다. 그렇지만 한국사에서 조선의 자존심으로 법궁의 자존심은 세울 수 있는 정도다. 임진왜란 발발 전 여러 조선의 왕들이 경복궁에서 나라를 경영하며 생활했다. 세종과 문종, 세조 등 조선 전기의 왕들이 경복궁에서 많은 시간을 보냈다. 특히 세종대에 장영실이 만든 다수의 과학기구 흔적이 있는 곳으로 조선 전기 왕들에게 태종을 제외하고 많은 사랑을 받았던 궁궐이다. 또한 경복궁의 정문인 광화문은 경복궁보다 더 많은 역사적 수난을 겪었는데 해방 후 한국전쟁을 비롯해 여러 번 문의 위치에 대한 논란이 일어났다. 광화문은 현재의 모습으로 거듭나기까지 역사적으로 많은 수난을 겪었다.


세조는 경복궁 경회루에서 성삼문을 통해 어보(옥새)를 받고 자신의 왕권에 도전하거나 왕위를 넘보는 사람들을 모두 숙청했다. 이 때 세조가 경복궁에 뿌린 피 때문인지 몰라도 1895년 조선의 왕비가 일본 자객들에게 시해를 당한 것은 아닐까? 그러나 세종에서 세조까지 왕들이 국가를 운영하고 사적인 생활을 하는 공간으로 주로 선택한 곳은 경복궁이었다. 경혜공주를 끔찍이 아꼈던 문종은 공주가 시집을 가서도 자신과 가까운 곳에 살 수 있도록 경복궁과 가까운 곳인 지금의 북촌에 경혜공주의 신혼집을 지어주었다. 문종은 북촌에 있던 '양덕방'의 집 30채를 허물고 궁궐과 같은 으리으리한 기와집을 지어 경혜공주 부부에게 선물했다. 하지만, 부부는 문종의 바람과 달리 이 집에서 오래 살지 못했다.

경혜공주는 남편 정종이 금성대군의 단종복위 사건에 연루되면서 그녀는 아버지인 문종이 지어준 집과 소유하고 있던 재산 모두를 잃었다. 그래서 경혜공주는 남편이 형장의 이슬로 세상을 떠난 후 남편의 유배지였던 곳에서 아이들과 살아야 했다. 이후 세조가 경혜공주 모자를 한양으로 불러들였고 그때 세조는 경혜공주에게 빼앗았던 집과 재산을 돌려주었다. 때문에 경혜공주와 아이들은 그녀의 아버지 문종이 지어준 집에서 다시 살 수 있게 됐다. 그러나 경혜공주는 앞에서도 언급했듯이 자신의 아이들을 세조의 부인인 정희왕후 윤씨에게 맡긴 후 스스로 머리를 깎고 여승(비구니)이 됐다. 미수가 훗날 관직에 진출할 수 있었던 것은 경혜공주의 이와 같은 선택 때문이 아닐까 한다.

경혜공주가 비구니가 된 절은 바로 조선시대 후궁들이 자신이 모시던 왕이 세상을 떠나면 궁을 떠나 남은 생을 보내던 정업원이다. 경혜공주가 정업원으로 들어갈 때 이곳에 단종의 비였던 정순왕후 송씨도 있었다. 경혜공주는 왕실에서 비구니가 된 두 번째 공주로 그 첫 번째 공주는 태조의 딸이자 제1차 왕자의 난으로 죽음을 맞이한 세자 방석의 누이다. 현재 정업원은 실존하지 않지만 조선시대 비빈들과 왕실 여성들의 기도처이자 출궁 후 삶의 공간이다.

　공간은 시간이 흐르면서 변하는 것이 당연하기에 문종이 금지옥엽 경혜공주를 위해 지어준 으리으리한 기와집은 현재 찾아볼 수 없다. 다만 1930년대 일제강점기 건축왕이었던 정세권이 북촌에 사는 일본인들이 늘어나자 북촌에 일본인들보다 조선인들이 더 많이 살 수 있도록 경제적으로 부담이 적은 기와집을 여러 채 짓는다. 이때 지은 기와집 중 일부가 지금까지 내려오면서 현재의 북촌을 이루고 있다.

　경혜공주의 집과 같이 왕족이 궁을 나와 살았던 집을 '궁가'라고 하는데 궁궐과는 다른 개념이다. 왕족이나 왕실의 사람이 궁 밖에서 살기 위해 지은 집이 궁가로 대표적인 곳이 운현궁이다. 운현궁은 고종의 잠저이자 흥선대원군의 집이다. 현재 안국역에서 가까운 곳에 위치한다. 궁가는 궁궐보다 격이 낮은 주거지로 왕족이나 왕실과 밀접한 관련이 있는 사람이 사는 집이다. 궁가는 한양 도성뿐만 아니라 조선팔도 곳곳에 있었다. 하지만 지금은 흔적이 남아있거나 일부라도 보존되고 있는 궁가는 쉽게 찾을 수 없다.

　그리고 서울의 여러 지역 중에서 은평구가 있는데 이 지역은 궁에서 평생을 왕실을 위해 일을 했던 궁녀와 내시들의 무덤이 많은 곳이다. 그래서 조선시대 왕실과 관련된 이야기가 여럿 전해 내려온다. 특히, 세조의 동생인 금성대군에 대한 이야기가 전해져오는데 금성대군은 세조에 의해 숙청당한 인물이다. 이런 이유로 은평구에서는 금성대군을 신으로 모시고 있다. 더불어 그를 위해 지역차원에서 제를 지내며 요즘은 지역자치단체만의 축제도 진행된다.

현재 서울은 조선시대 한양보다 더 넓은 지역으로 조선시대 도성 밖이었던 지역이 지금은 한국의 수도 서울에 포함된다. 그래서 조선시대 한양과 가까운 지역이었던 성저십리로 현재 서울에 포함된 지역이 많기에 조선 왕실과 밀접한 관련이 있는 유적들이 곳곳에 있다. 시간과 기회가 된다면 이런 지역과 유적지를 도장 깨기 하듯 찾아보는 것은 어떨까?

"역사는 누적된다. 첫 단추가 잘못 끼워졌을 때 시간이 지날수록 잘못을 바로잡을 수 있는 기회는 줄어든다. 늦기 전에 잘못 끼워진 단추를 바로잡아 나갈 필요가 있지 않을까?"

## 프리한 학예사의 체크체크

- ⊘ 세조를 중심으로 조선왕실의 인간관계를 알아두면 작품에 담긴 숨겨진 이야기들을 많이 찾을 수 있다.
- ⊘ 조선시대에 왕의 이름은 아무나 부를 수 없었는데 그 이유를 알아간다면 작품을 더욱 흥미진진하게 즐길 수 있다.
- ⊘ 조선의 수도인 한양의 구조와 청계천을 중심으로 경복궁, 창덕궁, 삼청동, 창경궁 등 조선왕실과 관련된 주요 공간에 얽힌 이야기를 알아 가면 더욱 극에 몰입할 수 있다.

## 사람답게 사는 것은 무엇인가?

## 〈등등곡〉

〈등등곡〉 포스터(2024)

## 콤플렉스와 집단이기주의의 광기

　이 작품은 1589년 10월에 일어난 기축옥사 이후 조선의 모습을 그린다. 이 시기는 임진왜란이 일어나기 전 평화를 가장한 뒤숭숭함이 한반도를 둘러싸고 있던 시기다. 그리고 한반도 전체의 뒤숭숭함은 민심을 나타내는 것으로 기축옥사의 영향이 나라의 하부구조에까지 퍼진 것을 보여준다.

조선의 왕들 중에서 콤플렉스가 정치적으로 영향을 줬던 왕들이 몇 명 있는데 그 첫 번째 왕이 선조다. 선조는 중종의 후궁인 창빈 안씨의 손자로 문정왕후의 아들인 명종 다음으로 조선의 왕이 되는 인물이다. 이런 이유로 선조는 깊은 콤플렉스를 가진 채 나라를 다스리게 된다. 작품에서 기축옥사가 일어난 원인 중 하나로 선조의 콤플렉스를 꼽고 있다.

더불어 당시는 붕당정치가 한창이던 시기로 작품에선 선조의 콤플렉스와 붕당의 집단이기주의로 인해 기축옥사가 일어난 것으로 그린다. 본 작품은 기축옥사가 일어난 것이 임금의 잘못으로 인해 일어났고 기축옥사로 인해 나라의 성장 동력과 많은 인재들이 사라졌음을 말한다. 무엇보다 집단이기주의가 일으킨 광기는 나라의 성장 동력을 좀먹고 민심을 흉흉하게 하며 사람이 사람답게 살 수 있는 세상을 망가뜨린다는 것을 말하고 있다. 이는 작품의 등장인물들이 말해주고 있다.

작품에 등장하는 인물들은 대부분 허구의 인물이나 송강 정철의 아들인 정진명이 유일하게 실존했던 인물이다. 그리고 등장인물들의 대부분은 서인 대신들의 아들이나 노비행세를 하고 있는 '초'는 기축옥사 때 구사일생으로 목숨을 부지한 동인 편 인물이다. 작품은 김영운과 초가 기축옥사의 잘못을 바로잡기 위해 거사를 일으키는 것을 묘사한다. 그러면서 권력을 가진 붕당에 속한 사람들이 가졌을 생각과 심리를 등장인물들을 통해 적나라하게 보여준다.

작품에서 묘사하는 심리에 여러 가지가 있는데 그 중 죄책감이 가장 큰 비중을 차지하고 있다. 김영운은 스승이 정여립이었는데 스승을 지키지 못한 죄책감도 있고 아버지가 죄를 피하기 위해 자신의 스승을 외면한 것에 대한 죄책감을 가지고 있다. 초는 자신만 살아남은 것에 대한 죄책감을 가지고 있으며 최윤은 돌아가신 어머니를 어머니라 부르지 못하고 제사도 제대로 챙겨줄 수 없는 자신의 상황에 죄책감을 가지고 있다. 그리고 정진명은 아버지로 인해 동인의 많은 사람들이 죽었기에 아버지의 행동에서 탄생한 피할 수 없는 죄책감을 가지고 있다. 그러나 이경신은 죄책감을 찾아볼 수 없다. 이경신이 당시 서인들의 대부분을 대표하고 있다.

이경신은 전형적인 조선의 양반이자 관리의 모습을 보여준다. 특히, 일당전제화가 시작되는 시점 관리들의 전형적인 모습이다. 그래서 이경신이 극에서 보여주는 모습에서 죄책감은 전혀 찾아볼 수 없고 집단이기주의의 모습만이 보일 뿐이다. 무엇보다 집단이기주의의 광기에 사로잡힌 전형적인 모습을 볼 수 있다. 이경신을 제외한 나머지 등장인물들은 어떤 형태로든 기축옥사와 관련이 있고 죄책감을 가지고 있으며 사람으로서 사람답게 살 수 있는 세상이 오기를 바라고 있다. 정진명의 경우 아버지의 행동에 대한 죄책감의 중압감을 이기지 못하고 이경신의 칼에 세상을 떠난다. 경신이 김영운을 찌른 줄 알고 쓰러진 사람의 가면을 벗겼을 때 자신이 아끼는 동생 진명인줄 알게 되면서 그에게 씌었던 집단이기주의의 광기는 사라지고 다른 광기가 자리 잡는다. 이 광기로 인해 경신은 김영운의 칼에 세상을 떠난다.

## 세상에서 가장 어려운 것은 사람이 사람으로 사는 것

　기축옥사는 선조 때에 일어난 사건으로 붕당정치의 일환으로 일어난 사건이다. 서인들이 동인들에게 견제를 심하게 받게 되면서 동인들을 누르기 위한 기회를 엿보고 있던 시점에 일어났다. 작품에선 선조가 서인 3대신에게 밀지를 보내면서 일이 시작되고 수많은 동인과 그 가족들이 희생당했다. 초가 바로 이러한 회오리바람 속에서 살아남은 인물이다. 서인들은 당시 백성들의 민심이 흉흉한 것은 누군가 도참설을 퍼트렸기 때문이라며 도참설을 퍼트린 인물이 정여립이라 주장했다. 더불어 그가 '길삼봉'이라는 가상의 인물을 만들어 백성들이 사리분별을 할 수 없도록 했다고 주장했다. 그러면서 여기에 동인들이 관련되었다고 하면서 광기에 사로잡혀 수많은 동인들을 짐승을 죽이듯이 잡아 죽였다.

　이 사건이 일어났을 때 붕당정치의 일당전제화의 꽃이 피기 시작하는 시점이었다. 붕당정치의 일당전제화는 상대 붕당의 사람들을 사람으로 보지 않는 집단이기주의가 판을 치는 정치다. 작품에서는 이를 풍자하면서 과연 조선에 누가 사람인지 묻고 있다. 그리고 이런 질문을 던지기 위해 최윤의 어머니와 노비가 된 초가 거사를 위해 노비의 신분으로 겪는 일상을 함께 보여준다. 김영운이 거사의 명분으로 삼는 것이 바로 이것이다. 현재 임금의 치세에서 백성들이 사람답게 살기 힘들기 때문에 임금을 바꿔야 한다고 주장한다. 이를 위해 기축옥사 때 백성들 사이에 회자되던 길삼봉을 이용한다.

김영운은 임금의 권력도 양반들의 권세도 모두 백성들로부터 나온다는 사실을 알고 있는 사람이었다. 그리고 세상은 사람이 있기에 돌아가는 것임을 알고 있었다. 하지만, 기축옥사가 일어난 이후의 상황은 전혀 그렇지 않았고 무엇보다 기축옥사 자체가 잘못된 일로 이 잘못을 바로잡아야 한다고 여겼다. 그래서 초와 함께 거사를 일으켰으나 형세는 '계란으로 바위치기'였다. 등등회를 통해 최윤도 포섭했으나 거사는 실패했다. 김영운을 필두로 모였던 등등회에서 살아남은 인물은 최윤 뿐으로 비록 유배를 갔으나 김영운과 초의 뜻이 최윤에게 전달되면서 작품은 끝난다.

작품 속 넘버 중 현재 조선에 사람은 누구인지 묻는 넘버가 있다. 이 넘버를 통해 조선에서 노비는 사람으로 인정받지 못했고 소와 말보다 가치가 떨어졌음을 알 수 있다. 그리고 붕당정치의 일당전제화로 서로 상대 붕당의 사람들을 사람으로 인정하지 않기에 이런 기준으로 조선을 보면 '과연 사람은 누구인가?'라는 질문이 절로 나옴을 알 수 있다. 그만큼 조선 선조 때 사람이 사람으로서 산다는 것이 얼마나 힘든 일이었는지 알 수 있다.

관람일 캐스팅보드(2024) ⓒ필자

더불어 기축옥사로 나라의 인재들이 많이 희생되면서 국가를 이끌어갈 인재들의 빈자리가 많아졌다. 무엇보다 당시 왕인 선조와 지배층인 양반들은 백성들의 삶보다는 자신들의 권세를 위한 정치를 했기에 임진왜란이 일어날 수밖에 없었다고 말한다. 그런데 시간이 흘러도 사람이 사람으로 살기가 어려운 세상임을 풍자하고 있다.

## 시대가 품어주지 못했던 사람들

작품을 관통하는 메시지는 여러 가지지만 가장 강렬한 메시지는 사람이 사람답게 사는 세상이 진정으로 평화로운 세상이라는 것이다. 더불어 세상의 변화는 밑에서부터 일어난다는 것이다. 무엇보다 시대를 앞서간 사람들은 그들의 뜻을 이루지 못한 채 세상을 떠나는 경우가 많음을 작품 속 이야기를 통해 알려주고 있다. 작품의 주인공인 김영운과 기축옥사 때 천운으로 살아남은 동인의 후예인 '초'가 그렇다. 그들은 기축옥사는 처음부터 잘못된 일임을 백성들에게 널리 알리며 서인들 중에서 뜻이 있는 사람을 가려내기 위해 '등등회'라는 모임을 만든다.

둘은 서인과 함께 동인을 몰아내기 위해 손을 잡은 선조에게 경고하기 위한 거사를 일으킨다. 하지만, 김영운과 초 모두 자신들의 뜻을 이루지 못한 채 세상을 떠나게 된다. 작품에서 김영운과 초가 자신들의 거사를 위해 사용한 등등곡은 아래로부터의 변화를 이끌어내기 위한 것이었다. 무엇보다 작품에 등장하는 등등곡은 어수선한 조선의 분위기 속에서 쉽게 퍼질 수 있는 도참설 곧, 예언서의 말들이 넓고 멀리 퍼지는 원리를 이용했다. '길삼봉'이라는 허구의 인물을 앞에 내세우고 가면을 씀으로 익명성을 보장하면서 백성들이 원하는 세상이 올 수 있다는 말을 한다.

작품의 김영운을 보다 보면 선조와 광해군 대의 인물 허균이 떠오른다. 허균은 뮤지컬 〈등등곡〉의 김영운, 초, 최윤과 같이 시대를 앞서간 사람이었다. 그러나 그 뜻을 이루기엔 시대가 너무 뒤떨어져 있어 미처 자신의 뜻을 이루지 못하고 세상을 떠난 인물이다. 허균은 허엽과 둘째부인 강릉 김씨 사이에서 태어났다. 우리에게는 『홍길동전』을 저술한 인물로 유명한데 허균의 누이가 바로 우리가 허난설헌으로 알고 있는 허초희다. 허균집안 사람들은 아들들뿐만 아니라 누이인 허난설헌도 글을 잘 쓴 것으로 유명하다. 그래서 지금도 강릉 허균의 생가에 가면 허씨 집안 5명의 시비가 세워져있다. 허균이 시대를 앞섰다는 것은 다름이 아닌 서얼의 차별을 안타까워하며 근대 민주사회에서나 있을법한 사상을 가진 것이다. 『홍길동전』에서 중심으로 다루는 사상으로 사람 간에 신분으로 차별적인 대우를 해서는 안 된다는 사상이다.

작품의 배경이 되는 시대의 역사를 살피다 보면, 세상이 어수선하고 혼란스러워 『격암유록』과 같은 도참설이 담긴 예언서가 백성들 사이에서 넓고 깊게 퍼지는 것을 알 수 있다. 더불어 이 시기를 살아간 인물들 중에 세상을 변화시킬 수 있는 힘을 지닌 인물들이 많았지만 그들이 자신들의 뜻을 펴기에는 시대가 맞지 않았다. 특히 작품의 배경이 되는 시기는 세계적으로 크고 작은 변화가 각 지역과 나라에서 일어나던 시기로 근대로 나아가는 과도기적 시점이다.

유럽과 같은 서구에서는 절대왕정이 굳건해지고 중세 천년이 끝나는 르네상스를 기점으로 새로운 천년을 맞는 시기였다. 이런 시기에 조선에도 조선을 변화시킬 수 있는 저력과 인물들은 있었으나 조선의 상부구조로 인해 결과적으로 그 기회를 잡지 못하고 양난(임진왜란과 병자호란)이라는 시련을 맞이한다. 조선이 임진왜란과 병자호란을 겪은 것은 나라가 더욱 발전하고 변화할 수 있는 기회가 왔으나 국가 내부적으로 준비가 되지 않았기 때문이다. 조선은 양난을 겪었으면서도 훗날 '일제강점기'를 맞이한 것은 역사에서 얻은 교훈을 새기지 않고 세상과 세계의 정세를 제대로 읽고 알지 못했기 때문이다.

## 등등회가 열리던 동소문 그곳은 어디?

작품의 시놉시스에서 등등곡은 기축옥사 후 젊은 선비들이 동소문 부근 정자에 모여 부르던 노래라고 설명한다. 여기서 동소문은 혜화문으로 대학로에서 성북구로 넘어가는 부근에 있는 조선시대 세워진 동쪽의 작은 문이다. 조선의 도성을 그린 지도를 보면 4개의 대문과 4개의 소문이 있는 것을 알 수 있다. 혜화문은 그 중 동쪽에 있는 작은 문으로 지금은 주의 깊게 의식적으로 찾아보지 않으면 그냥 지나칠 수 있는 위치에 있다.

조선의 한양도성은 일제강점기를 거치면서 원래의 모습을 많이 잃었다. 더욱 해방이 되면서 점진적으로 5대 궁궐의 일부를 복원했는데 그 실상을 보면 눈 가리고 아웅 하는 식이다. 대표적인 사례는 광화문으로 박정희 대

혜화문(동소문) ⓒ필자

통령 때 광화문을 빠르게 복원하기 위해 쓴 방법은 본래 일제가 좋아하던 시멘트였다. 지금은 새롭게 다시 복원이 됐고, 시멘트 광화문의 잔재는 현재 서울역사박물관 입구부근에 전시되어 있다. 일제는 일제강점기 한국의 많은 문화유산에 복원 및 보수를 한다는 명분으로 시멘트를 발랐다. 그래서 해방 후 한국의 많은 문화유산들이 본래의 모습을 찾는 데 여러 어려움을 겪었다. 그리고 때에 따라 본래의 모습을 찾지 못하고 시멘트를 끌어안은 채 복원된 경우도 있었다. 대표적으로 익산에 있는 미륵사지 석탑을 들 수 있다. 지금은 새롭게 복원된 것으로 알고 있지만, 일제강점기 일제가 석탑에 발라놓은 시멘트로 인해 본래 모습을 찾는데 오랫동안 큰 어려움을 겪었다. 이런 이유로 한국의 많은 문화유산들은 일제강점기 전의 모습을 찾는 데에 오랜 시간이 걸리거나 되찾지 못했다. 무엇보다 한국전쟁 후 나라가 발전하는 과정에서 문화유산에 대한 소중함을 잊은 채 무분별한 개발을 하면서 남아있을 수 있었던 수많은 문화유산이 한순간에 사라졌다. 그

연려실기술
ⓒ국립중앙박물관 소장

렇게 현재에 이르게 됐다.

작품의 제목인 '등등곡'은 조선의 젊은 선비들이 당시 동소문 부근에 있던 한 정자에 모여 살아가는 답답함을 풀고 세상 돌아가는 이야기를 하며 불렀던 노래를 말한다. '등등곡'에 대한 이야기는 이긍익이 저술한 『연려실기술』이라는 책에 나온다. 『연려실기술』은 정사가 아닌 야사로 객관적으로 남겨지지 않은 역사적 사실이 많이 쓰여 있다. 국가가 기록한 것이 아니라 한 개인이 기록했기 때문이다. 비록 『연려실기술』이 야사이긴 하지만 체계적이고 엄격한 규율과 규정 속에서 작성된 정사에서 놓칠 수 있는 역사적 사실을 추정 및 추측해볼 수 있게 한다. 무엇보다 야사지만 조선시대 당시에 쓰였다는 점이 역사연구에서 근거 사료로 자주 활용되고 있는 이유다.

그리고 현재의 모습과 고종 대의 한양 도성의 모습을 서로 비교하기에 좋은 자료는 19세기 김정호가 그린 것으로 알려진 '수선전도'다. 공평도시유적전시관에 가면 입구 부근에 수선전도가 현대 작가의 손을 통해 새롭게 태어난 작품이 벽에 있다. 현재 모습과 조선후기 고종 대 한양도성의 모습을 비교하는 재미를 느낄 수 있도록 전시됐다. 공평도시유적전시관에 가서 전시도 관람하고 입구 부근에 전시된 수선전도를 보며 상상력을 동원하여 현재 모습과 비교해보는 것도 하나의 즐거움이지 않을까?

수선전도(전 김정호, 서울 역사박물관 소장)
©필자

공평도시유적전시관은 공평동을 발굴 및 조사하면서 발견된 고고 유적이 전시된 박물관이다. 조선시대는 물론 일제강점기까지 공평동(옛 견평동)의 모습을 들여다볼 수 있게 만들어졌다. 무엇보다 도시개발과 보존이라는 두 마리 토끼를 모두 잡은 문화유산 보존의 새로운 패러다임을 보여준다. 박물관을 관람하다보면 시간의 흐름에 따라 공간의 모습도 변한다는 것을 알 수 있다. 그리고 시간이 흐를수록 사람들이 발을 딛고 사는 공간은 전 시대의 공간보다 위층에 존재한다는 것을 알 수 있다. 현재 우리가 살고 있는 땅도 먼 훗날 지금보다 위층에 살고 있는 사람들에 의해 발굴 조사될 것이다. 아주 먼 훗날의 이야기지만 공간의 역사도 시간의 층위별로 땅속으로 내려가는 깊이가 달라짐을 확실하게 알고 느낄 수 있다.

아시아는 고대부터 왕조국가 중심으로 유럽의 도시를 중심으로 하는 봉건적인 질서 속의 절대왕정 국가와는 다르다. 국가가 도시보다는 상위개념이다. 아시아는 국가 안에 있던 왕조의 역사가 모여 한 나라의 역사가 되지만 유럽은 도시의 역사가 모여 나라의 역사가 된다. 공평도시유적전시관은 한국의 역사를 도시사적 관점으로 바라볼 수 있도록 하는 데에 도움을 준다. 기회가 될 때마다 틈틈이 자신의 방식대로 세밀하게 전시를 관람하다

보면 한국사를 도시사적 관점으로 바라볼 때만 보이는 것이 있음을 알 수 있다.

그렇다면 등등곡에서 말하는 동소문 부근의 정자는 어디일까? 현재 국사편찬위원회 홈페이지에서 제공하는 조선왕조실록 DB사이트에서 '동소문'을 검색했을 때 함께 나오는 정자를 찾아봤을 때 '백자정'이 나온다. 백자정은 당시 흥덕동에 위치한 정자였는데 흥덕동은 동소문과 가까운 곳으로 작품과 연려실기술에서 언급하는 동소문 부근의 정자로 가장 가능성이 크다. 흥덕동은 지금의 대학로로 당시 '흥덕천'이라는 물이 흘렀던 지역이다. 이 지역은 훗날 고종의 근대화정책이 시작된 후부터 다수의 신문물이 처음으로 들어왔던 곳이다. 지금은 백자정을 찾아볼 수 없지만 현재 대학로 동성중·고등학교가 있는 지역에 있지 않았을까 추정할 뿐이다. 현재 동성중·고등학교가 세워진 장소에 백동 수도원이 세워졌었기 때문이다.

**"사람을 사람답게 만들어주는 것은 무엇일까? 바쁜 일상 속에서 우리는 그동안 너무 진짜 사람다운 삶이 무엇인지 잊고 산 것은 아닐까? 그리고 이를 위해 우리는 자신의 인생을 어떻게 디자인해야 하는지 한번쯤은 생각해보는 것이 어떨까?"**

## 프리한 학예사의 체크체크

⊘ 실제 역사 속에서 기축옥사에 대한 대략적인 내용을 알고 간다면 작품을 더욱 깊이 있게 즐길 수 있다.

⊘ 등등곡(蹬蹬曲)이 가지고 있는 중의적 의미를 한번쯤은 생각해보며 현재 우리가 원하는 삶과 어떤 관계가 있는지 생각해보자.

⊘ 작품 속 등장인물들을 통해 조선시대 신분구성을 생각해보고 조선시대 양반의 유형으로 어떤 유형들이 있는지 생각하면서 작품을 즐긴다면 작품 속 등장인물들 간의 이해관계와 심리가 보일 것이다.

⊘ 가면이 가지고 있는 문화적 상징성과 작품 속 가면이 가지고 있는 의미 생각해본다면 작품이 담고 있는 의미를 더욱 쉽게 이해할 수 있다.

# 2장

## 미흡한 대비로 맞이한
## 대한제국의 비극

✹

## 무지와 성급함이 불러온 파국의 내일
# 〈곤투모로우〉

〈곤투모로우〉 포스터(2023) ⓒ필자

## 성급한 결정으로 바꿀 수 없는 내일

19세기 말 조선은 문호 개방 후 서구의 문물이 봇물 터지듯이 들어왔고 나라의 정치도 빠르게 변했다. 그리고 관리들은 서구의 제국주의 열강과 일본 사이에서 정치적 노선을 정하기에 바빴다. 이 과정에서 1884년에 일어난 사건이 바로 김옥균의 3일 천하 갑신정변이다.

김옥균은 일본의 힘을 빌려 조선을 개혁하려 했다. 그래서 한국 최초의 우체국인 우정국 낙성식 날을 거사의 날로 정해 나라를 개혁하려 했다. '김옥균의 3일 천하'에 대한 실제 역사 기록을 보면 일본의 지원 속에서 조선을 손 안에 움켜쥐려는 김옥균의 정변은 처음엔 성공하는 듯했다. 하지만 김옥균을 지원하던 일본군이 정변에서 빠지면서 김옥균의 세력은 사기와 명분을 잃게 되었고 김옥균과 박영효, 서광범, 서재필 등은 모습을 바꾸고 인천항에서 일본으로 망명했다. 이 정변에서 김옥균이 명분을 잃게 된 것은 북묘로 피신했던 고종이 청나라 진영으로 가게 되면서다.

작품에서 김옥균이 거사를 실패하게 된 이유는 실제 인물인 이완용을 대표하는 이완의 계략 때문이다. 작품 속에서 이완은 김옥균에 대비되는 인물이면서 고종을 압박하는 인물로 그려진다. 애초에 김옥균의 거사를 고종이 윤허했던 것은 이완에 대항하여 자신의 뜻을 펼치기 위함이었다. 하지만, 김옥균이 일본으로 망명하면서 고종의 희망이 사라졌고 고종은 다음 기회를 노리기 위해 이완의 말을 따르는 형식을 취한다. 이 때 고종은 김옥균을 암살할 인물을 물색하여 일본으로 보낸다.

작품에서도 그려지고 실제로도 김옥균이 정변을 일으킨 이유는 조선을 일본과 같은 입헌군주국으로 만들기 위함이었다. 당시 다양한 신문물이 조선으로 들어오면서 김옥균이 일본의 메이지유신에 대해 접했을 것이고 김옥균이 보기에 입헌군주국의 정치 모델이 조선에 안성맞춤인 모델이었다. 그래서 조선의 군주인 고종의 신임을 받고 있던 시기에 고종을 부추겨 자신의 야심을 이루고자 했던 것이다. 하지만 김옥균의 정변은 실패했고 오히려 본 정변을 계기로 일본과 청나라 사이에 조약이 체결되고 한반도는 외교적으로 더욱 혼란스러운 상황에 놓이게 된다.

비록 작품에선 외교적인 혼란이 잘 그려지지 않지만 조선 사람들이 예전과 다르게 유럽에도 활발히 진출한 것을 작품에서 엿볼 수 있다. 바로 김옥균을 암살하기 위해 보내지는 청년인 한정훈의 모습을 통해 유추할 수 있다. 실제로도 당시 한반도엔 중국인과 일본인뿐만 아니라 미국인과 독일인 등 다수의 외국인이 들어와 있었다. 19세기 말은 한반도가 세계와 교류를 시작하던 시점으로 국제정세가 한반도에도 그 영향을 미치기 시작했다. 여기서 김옥균이 정변을 실패한 이유를 찾아볼 수 있다. 바로 국내정세도 그렇지만 국제정세를 제대로 읽어내지 못했고 무엇보다 성급하게 자신의 목표를 달성하려 거사를 준비하고 시행했기에 그만 실패하고 말았다.

작품은 김옥균이 갑신정변 후 일본으로 망명한 순간부터 본격적으로 이야기가 시작한다. 거사 실패 후 김옥균의 입장에서 의지할 곳은 거사에서 마지막까지 협조적이진 않았지만 일본밖에 없었기에 일본으로 망명했다. 그러나 일본이 김옥균의 망명을 도와준 것은 그 밑에 다른 뜻이 있었기 때문이다. 일본이 조선을 서서히 좀먹어가는 과정을 통해 일본의 주도면밀함을 알 수 있다. 일본이 김옥균의 망명을 허락한 것은 그를 하나의 정치적인 카드로 생각했기 때문이다. 여기서 우리는 세상엔 영원한 우방도 없고 적도 없음을 알 수 있다. 김옥균은 망명자이자 인질이 됐다.

일본으로 망명한 김옥균은 고종과 이완에게도 하나의 정치적 카드였다.

김옥균의 처지가 이렇게까지 나락으로 떨어진 것은 거사에 대한 주도면밀함이 떨어지고 성급한 결정과 준비로 거사를 일으켰기 때문이다. 그래서 거사는 실패했고 작품과 실제 역사가 보여주듯 그는 비참한 마지막을 맞이했다. 작품에선 고종이 이완의 협박에 못 이겨 일본으로 김옥균을 죽일 자객을 보내는 것으로 그려진

관람일 캐스팅보드 ©필자

다. 하지만 실제 역사에서 김옥균은 갑신정변 10년 후 상해에서 '홍종우'라는 청년에 의해 암살당하고 시신이 조선으로 돌아온다. 이 때 고종은 시신을 능지처참형(일명 거열형)으로 다스린다. 김옥균은 새로운 내일을 조선에 가져오려 했지만 오히려 자신의 내일조차 빼앗겨버렸다.

## 적을 알고 나를 알아야 하는데 그러지 못했던 조선

작품을 보면 우리가 아직도 고종의 시대를 잘 모르고 있다는 생각이 든다. 그리고 조선은 임진왜란 때 일본에 당하고 조선통신사를 통해 일본과 교류를 했음에도 불구하고 일본을 너무 몰랐다. 그래서 우리는 일제의 식민지를 겪어야 했고 이 어두운 역사는 해방 후에도 바로잡히지 않아 지금

까지 그 잔재로 인한 여러 사회적인 문제가 일어나고 있다.

우리가 일제강점기를 겪은 것은 단순히 당시 지배층과 사람들의 잘못만이 아니다. 역사적으로 국가에 닥치는 시련은 전부터 쌓여 온 빈틈이 커지면서 생긴다. 전 세계가 모두 그렇지만 전근대사회이자 신분제사회에서 국가에 닥치는 위기와 시련은 모두 국가와 사회의 구조, 나라 간의 이해관계의 어긋남으로 인해 발생한다.

김옥균이 거사를 실패한 이유는 일차적으로 일본을 너무 믿었던 것이다. 타국과의 외교는 냉정한 것으로 서로가 주고받을 것의 가치가 같지 않으면 성립하지 않는다. 김옥균은 이 사실을 몰랐다. 그리고 두 번째로 김옥균은 고종을 무조건적으로 믿었다. 군주도 사람이다. 그러기에 자신의 상황과 처지에 따라 다른 전략을 마련하고 필요하다면 그 누구도 버릴 수 있는 사람이다. 하지만 김옥균은 이런 사실을 간과했다. 마지막으로 당시 국내외의 정세를 제대로 파악하지 못했다. 김옥균이 살았던 19세기는 서구와 아시아가 세계사 속에서 가장 가까이 만나기 시작하던 시기다. 그러기에 한 나라의 정치 운영은 국제정세의 영향을 받는다. 김옥균은 이 사실을 몰랐던 것인지 무시했던 것인지 모르겠으나 이를 고려하지 않았기에 거사에 실패했다. 그는 자신과 자국을 몰랐고 적들도 잘 알지 못했기에 거사에 실패했던 것이다.

한반도가 일제의 식민지가 된 이유도 동일하다. 우리는 이미 임진왜란으로 일본에 의해 전 국토가 유린당한 경험이 있다. 그럼에도 불구하고 우리는 일본을 알려하지 않고 오히려 일본 위에 군림하려 했다. 조선은 임진왜란에서 전혀 교훈을 얻지 못했고 이는 김옥균도 마찬가지다. 그는 거사에 실패한 것에 매몰되어 현재 자신의 처지가 어떤지 살피지 않았고 결과적으로 비참한 최후를 맞이했다. 그리고 조선의 위와 같은 외교적 태도가 한반도를 식민지로 만들었다.

그런데 이런 한국 외교활동의 특징은 지금도 크게 바뀌지 않은 것 같다. 현재의 한국 외교활동을 보면 국제사회에서 생각보다 국익을 얻어오지 못하는 경우가 많다. 한국사회에 산재한 여러 난제들 중에 외교활동을 통해 해결해야 할 문제도 상당한데 한국 외교력이 떨어지는 관계로 오랜 시간이 흐름에도 불구하고 난제를 해결하지 못하고 있다. 무엇보다 역사에서 기원한 문제는 시간이 흐를수록 해결할 수 있는 가능성이 떨어짐에도 불구하고 외교력이 상대적으로 떨어져 해결하지 못하고 있다. 문제해결의 가능성이 더 떨어지기 전에 해결됐으면 한다.

그리고 현재 우리사회에 산재한 다수의 문제는 대부분이 과거부터 있었던 균열과 빈틈이 지속적으로 방치되면서 현재 문제가 커진 것이다. 여기서 우리가 역사를 배워야 하는 이유를 알 수 있다. 역사는 멈추지 않으며 계속 이어지기에 우리는 자국의 역사는 물론 세계의 역사를 통해 현재를 지혜롭게 살아갈 수 있는 방법을 알 수 있다.

## 어떤 내일로 가야 하는가?

작품은 김옥균의 삶을 집중적으로 조명하면서 그가 이루고자 했던 나라의 내일과 고종이 이루고자 했던 나라의 내일 그리고 이완으로 대표되는 이완용이 이루고자 했던 나라의 내일이 무엇인지 생각해볼 수 있도록 한다. 특히, 김옥균이 그렸던 조선의 내일이 무엇이며 어떤 내일인지 생각해볼 수 있도록 구성됐다. 김옥균은 고종과 함께 할 수 있는 입헌군주정을 지향했다. 작품에서 보이는 김옥균의 속내를 보면 고종의 권력을 등에 업고 자신의 권력을 행사하고 싶은 것으로 그려진다.

김옥균은 거사를 함께 할 동료들을 모으기 위해 자신의 야욕은 숨겼을 것이다. 더불어 고종이 위기에 처했다고 하면서 군주를 위기에서 구하고 새로운 나라를 만들기 위한 것이라는 명분으로 거사에 동의하는 사람들을 모았을 것이다. 그리고 거사에 일본의 군사력을 끌어들이기 위해 일찍부터 일본의 실세들과 인맥을 쌓았을 것이다. 하지만 이완이 김옥균보다 한 수 위였다. 작품에서 보면 이완이 김옥균보다 일본과 밀접하게 연결돼있고 이런 관계를 통해 고종을 압박한다. 그래서 고종은 그런 상황에 대한 처신을 위해 흥선대원군이 실제 역사에서 그러했듯 한량처럼 지낸다. 발톱을 숨긴 호랑이처럼 말이다. 그러나 고종의 이 같은 전략은 잘 이뤄지지 않고 결과적으로 실제 역사와 같이 대한제국은 일제의 식민지로 추락한다.

이 작품은 조선말에서 대한제국을 살았던 사람들이 꿈꿨던 내일이 있었으나 서로가 그리는 내일이 많이 달랐음을 말하고 있다. 더불어 세상은 힘이 있는 사람이 없는 사람보다 꿈을 이룰 가능성이 높다는 것을 보여준다. 무엇보다 자신이 원하는 내일로 가기 위해 우리는 부와 권력을 가져야 하며 부와 권력을 얻기 위해선 자신의 처지에서 세울 수 있는 최선의 전략을 세우고 주도면밀하게 추진해야 한다고 말한다. 이러한 노력을 통해 우리는 우리가 원하는 내일을 얻을 수 있다.

## 더 빨리 더 많은 소통이 가능했지만 세상은 불통으로

서울 조계사 경내 우정국 건물 ⓒ필자

　한국에서 우편제도가 최초로 시행됐던 때는 1880년대 초반이다. 그 전에도 서로 편지를 주고받긴 했지만 체계적이고 신속한 우편 및 통신체계는 없었다. 하지만 문호를 개방하면서 서구의 우편제도가 들어왔고 고종은 이를 받아들여 우정국을 설치했다. 갑신정변은 바로 김옥균이 이곳에서 열리는 낙성식을 활용한 거사였다.

　현재 우정국 건물은 종로의 조계사 한쪽에 있다. '조계사'라는 사찰에 있어서 그런지 다른 유적과 조금 다른 분위기다. 조계사 입구 부근에 위치하고 있는데 조계사의 존재감에 눌려 우정총국 문화유산에 관심을 가지는 사람을 찾아보기가 힘들다. 우편의 역사에서 나름 의미가 있는 장소임에도 불구하고 그 존재감이 많이 떨어진다. 무엇보다 문화유산 건물을 기념관으로 활용하고 있는데 기념관을 관람하는 사람은 더욱 찾아보기 어렵다. 지금은 인터넷을 통해 우편보다 더 빠르게 실시간으로 메시지를 주고받을 수 있는 시대로 우편 체계의 가치가 예전보다 떨어지긴 했지만 인류 문화의 한 페이지를 장식하는 우편역사에 너무 관심이 없는 게 아닌가 하는 생각이 든다.

더불어 김옥균의 갑신정변이 실패한 정변이어서 그런지 몰라도 우정총국 건축문화유산에 대한 인식과 그 처우가 좋지 않다. 이는 한국인들이 좋은 역사, 기쁜 역사만 기억하려 하는 성향 때문이다. 하지만 어두운 역사의 현장도 중요하다. 기쁘고 좋은 역사보다 어둡고 슬픈 역사가 우리에게 주는 교훈이 더욱 많다. 사람의 인생이 무언가를 이룰 때까지 수많은 실패를 거듭하는 것처럼 인류의 역사 또한 어둡고 슬픈 역사에서 더욱 많은 것을 얻는다. 그러기에 비록 어둡고 슬픈 역사를 증명하는 역사의 현장이고 유물임에도 불구하고 기쁘고 좋은 역사의 현장과 유물과 같이 보호하고 보존해야 한다. 사람의 인생에서도 자신의 치부 혹은 부끄러운 과거를 당당하게 직면했을 때 앞으로 나아갈 수 있는 것처럼 인류의 역사 또한 진일보하게 앞으로 나가고 성장하기 위해선 각각 자국의 어둡고 슬프며 부끄러운 역사를 당당하게 마주하여 다시는 그와 같은 역사를 반복하지 않기 위해 노력해야 한다.

우정총국은 더 많은 사람들과 더 빨리 소통하기 위해 세워졌다. 서구의 신문물이면서 사람들 간의 소통을 원활하게 해줄 수 있는 좋은 제도였다. 하지만 그 장소는 혼돈의 카오스에 놓인 조선에 밝은 내일을 가져다주진 못했다. 그러나 시간은 걸렸지만 한국을 IT강국으로 만들었다. 많이 돌아왔지만 빠른 정보전달을 위한 기술력은 세계 최강이 됐다. 그런데 우리는 오히려 점점 불통의 시대로 접어들고 있다. 아마 우리가 각자의 내일만을 살피고 세대 간에 그리고 젠더 간에 함께 가고 싶은 내일이 부재하기 때문일 것이다. 불통의 시대이기에 더욱 우정국이 주목받지 못하는 것은 아닐까?

**"과거의 잘못에서 교훈을 얻지 못해서 우리는 자신에게 주어진 시련보다 더 큰 고통의 시련을 맞이하는 경우가 많다. 행복보다 시련과 고통이 더욱 많을 인생을 지혜롭게 살아내기 위해 우리는 과거의 잘못을 수용하는 용기를 발휘해야 하지 않을까?"**

### 프리한 학예사의 체크체크

- ⊘ 19세기를 다룬 미디어 컨텐츠인 <조선 총잡이>와 <미스터 션샤인> 등을 조금이라도 보고 간다면 당시의 분위기가 어떤지 알고 작품을 감상할 수 있다.
- ⊘ 갑신정변에 대한 대략적인 사항을 알고 간다면 김옥균의 삶에서 갑신정변이 차지하고 있는 비중과 의미가 작품에서 얼마만큼 그려지는지 알 수 있다.
- ⊘ 작품을 보면서 외교의 원리를 생각해보며 나아가 일본이 조선, 대한제국을 집어삼키기 위해 어떠한 일을 벌이고 이를 위해 어떤 노력을 했는지 찾아보자.
- ⊘ 실존인물 이완용과 작품 속 이완의 모습을 비교하는 것도 작품을 감상하는 하나의 재미가 될 것이다.

⊘ 작품 속 한정훈으로 그려지는 홍종우에 대한 간단한 상식을 알아 가면 더욱 흥미진진하게 작품을 즐길 수 있다.

## 부족한 냉철함과 현실감이 일으킨 폭풍
# 〈명성황후〉

〈명성황후〉 포스터(2025)

## 고종과 함께 조선의 내일을 열고 싶었던 여인

'명성황후' 이 단어를 들었을 때의 느낌은 어떤가? 혹은 머릿속에 떠오르는 이미지는 어떤가? 명성황후는 시대가 인물의 그릇을 받쳐주지 못한 인물 중 한 사람이다. 조선은 신분제 사회였고 무엇보다 남녀 간에 역할의 차이가 분명했다. 특히, 궁중에 들어간 여성은 여염의 여성들보다 그 규제와 제약이 더욱 심했다. 이러한 조선에서 태어난 명성황후는 실제 역사에서도 총명하다고 기록됐다. 이런 명성황후의 모습은 작품에서도 잘 드러난다.

명성황후는 가세는 기울긴 했지만 그래도 고려시대부터 꾸준히 왕비를 배출한 집안으로 현재 여주가 본향인 민씨 집안이다. 명성황후가 고종의 정실이 될 수 있었던 이유가 바로 여기에 있다. 조선전기 태종의 사례를 봤을 때 외척 세력을 강하게 경계하여 외척의 권세가 임금보다 높다고 생각되면 가차 없이 눌러버린 것을 통해 알 수 있다. 명성황후의 경우 이미 가세가 기울어 왕실에 들어오더라도 그 뒤를 받쳐줄 세력과 가족이 미미했기 때문에 고종의 배필이 될 수 있었다. 무엇보다 조선의 왕비를 결정한 인물은 흥선대원군으로 고종의 친아버지였다. 여기서 궁금증이 생긴다. 왕비는 보통 왕실 여인 중 어른인 대비나 대왕대비가 결정해야 하는데 왜 흥선대원군이 고종의 왕비를 결정했을까?

흥선대원군이 고종의 왕비를 결정한 것은 그가 고종의 친아버지이며 당시 고종 대신에 국정을 운영했기 때문이다. 고종은 원래 왕이 될 수 없었던 인물이었으나 철종이 후사 없이 세상을 떠나면서 왕이 될 수 있었다. 무엇보다 흥선대원군과 당시 왕실의 최고 어른이었던 조대비가 서로 말을 맞추면서 고종이 왕이 되었다. 그렇게 조선의 왕이 된 고종이 혼례를 할 나이가 되자 흥선대원군은 자신의 앞날에 방해가 되지 않을 집안의 여식인 명성황후를 고종의 배필로 결정한다.

그러나 흥선대원군은 명성황후가 가진 저력이 무엇인지 알지 못했다. 흥선대원군은 자신의 아들인 고종을 앞에 세우고 자신이 국태공으로서 실질적으로 나라를 운영했다. 이때 명성황후는 아이를 낳는 족족 다양한 이유로 아이를 잃었다. 그렇게 명성황후는 고종과 혼례를 올린 후 오랫동안 아이를 품에 안을 수 없었다. 그러나 명성황후는 고종과 혼인한지 약 10년 만에 훗날 순종이 되는 왕자를 품에 안을 수 있었다.

역사적으로 명성황후와 흥선대원군의 사이는 그리 좋지 않은 것으로 알려졌다. 명성황후의 출산과 연이은 아이들의 요절과도 연관이 있다. 바로 임오군란 때 흥선대원군이 성난 백성들을 피해 장호원까지 도망간 명성황후의 사망을 선포하고 장례를 치르는 모습을 통해 알 수 있다. 명성황후가 임오군란 때 다시 궁으로 돌아올 수 있었던 것은 여러 가지 이유가 있겠지만 정치적으로 명성황후가 청나라를 끌어들였기 때문이다. 이때 흥선대원군은 청나라로 끌려가게 된다.

명성황후가 다시 궁으로 돌아오면서 고종은 본격적으로 개화정책을 펼친다. 순종이 태어나기 1년 전에 친정을 선포하며 점점 조선의 왕으로 거듭난다. 더불어 일본을 비롯해 여러 서구 열강과 어깨를 나란히 하는 조약을 맺는다. 이 과정에서 한반도에 많은 외국인들이 들어오게 되고 공사관 혹은 영사관이 생긴다. 이때 명성황후는 외국 공사나 영사의 부인들과 활발하게 교류한다. 부인들이 외국인이어서 언어의 장벽이 있었을 것이나 명성황후의 총명함과 역관들의 활약으로 의사소통은 어렵지 않았다.

명성황후는 어릴 때부터 총명했고 고종이 친정을 하면서 명성황후의 총명함도 함께 발휘된다. 하지만 조선은 국제정세에 따라 줄타기를 하며 우방을 때에 따라 바꿔나갔다. 이런 와중에 일본 입장에서 친 러시아적 성향을 가진 명성황후는 정치적으로 장애물이었다. 그래서 일본은 '미우라'라는 인물을 통해 장애물을 제거한다는 명분으로 한 나라의 국모인 명성황후를 시해한다. 명성황후는 고종을 통해 자신의 역량을 펼칠 기회를 더 얻지 못했고 결과적으로 외세의 칼을 통해 세상을 떠난다.

경복궁 건청궁 옥호루 ⓒ필자

## 을미사변의 나비효과와 대한제국의 설립

명성황후 시해 사건인 을미사변은 한국사에서 처음이자 마지막인 국모 시해 사건이다. 하지만 지금까지 그 진실이 무엇인지는 정확하게 알지 못한다. 다만 현재까지 밝혀지고 연구된 사실들을 통해 추정할 뿐이다. 그러나 한국사를 공부하다 보면 을미사변이 한국사에 일으킨 나비효과가 있었으니 그것은 바로 고종의 대한제국 건국이다. 을미사변 이후 한국사는 전보다 더욱 다이나믹하고 빠르게 변한다. 더불어 일본의 마수는 더욱 강하고 촘촘하게 뻗쳐온다. 명성황후가 세상을 떠나면서 고종은 자신의 주변을 믿을 수 없게 된다. 그래서 서구 제국주의 나라의 공사나 공사부인들에게 자신의 삶을 의지한다.

을미사변의 나비효과인 대한제국의 건국은 냉정하게 평가해서 시대착오적인 판단이었다. 이미 유럽에서는 왕정이 많이 무너졌고 설령 현상을 유지하고 있는 왕실이라도 국가의 정치 운영 시스템은 근대 시민사회의 정치 시스템인 민주 공화정 체제가 자리를 잡아가는 시점이었다. 그런데 고종은 근대 시민사회로 나아갈 생각은 하지 않고 오히려 시대를 역행하는 전제군주정을 세웠다. 그래서인지 대한제국은 그리 오래가지 못했다. 더불어 대한제국으로 바뀌면서 일본은 자신들의 검은 야욕을 더욱 표면적으로 드러냈다. 특히 1904년 러일전쟁에서 승전을 한 후 한반도를 집어삼키기 위한 검은 야욕들은 쉴 틈 없이 진행됐다. 여러 가지 일본의 야비한 정치 전략들이 있지만 가장 대표적으로 대한제국의 허를 찌른 것은 바로 을사늑약이다.

대한제국은 을사늑약으로 인해 나라의 외교권을 일본에 빼앗겼고 세계적으로 독립적인 국가로 인정받지 못하는 신세가 됐다. 대한제국의 멸망은 1910년이지만 실질적인 대한제국의 멸망은 1905년으로 본다. 작품에서 을사늑약에 대한 것은 그려지지 않지만 일본의 조선에 대한 야욕은 '정한론' 장면에서 드러난다. 무엇보다 작품 뒷부분인 을미사변의 암호명과 같은

'여우사냥'의 장면에서 일본이 생각하는 명성황후의 존재감이 느껴진다. 그만큼 명성황후의 정치력과 리더십은 훌륭했다.

관람일 캐스팅보드 ©필자

## 영원히 끝나지 않을 명성황후에 대한 평가

2025년은 〈명성황후〉라는 뮤지컬 작품의 30주년이 되는 해다. 작품이 만들어지게 된 계기는 을미사변 100주년을 기념하면서 1995년 초연이 무대에 올랐다. 그 후 꾸준히 무대가 올랐고 어느덧 30주년을 맞았다. 초연이 올라갔을 때 명성황후를 너무 미화하는 것이 아니냐는 평가가 있었다. 공연예술로 만들면서 창작 진의 주관이 들어가면서 미화가 된 부분도 있긴 하지만 작품 전체가 명성황후를 미화한다고 볼 수는 없다. 〈명성황후〉의 초연이 올라가던 시점은 아직 한국에서 성차별이 심했던 시기였다. 그래서 작품 자체에 대한 평가보다 작품의 모티브가 된 인물에 대한 평가를 작품에 한 것이다.

뮤지컬 〈명성황후〉는 허구가 가미된 작품으로 역사에서 평가하는 명성황후와 작품 속에 그려진 명성황후에 대한 평가는 분명히 다를 것이다. 작품에 그려진 명성황후의 모습은 어떤 관점에서는 너무 자신의 권력을 믿고 행동하는 것으로 보이기도 하나 다른 한편으로는 어머니로서의 모성애의 발휘가 보인다. 더불어 남편인 고종을 내조하는 모습도 보인다.

대체로 당시 여성상이 보인다. 명성황후의 총명함도 보이지만 조선시대 여성으로 인해 갖게 되는 사회적인 제약도 작품에서 종종 그려진다. 사람에 따라 서로 다르게 평가되겠지만 당시 조선의 여성으로 할 수 있는 최선의 일을 했다고 할 수 있다. 무엇보다 오랫동안 역사에 대한 이해와 해석이 남성의 관점으로 이뤄졌는데 이 작품을 기점으로 역사 속 여성 인물들에 대한 이해와 해석이 조금씩 변해갔던 것으로 기억한다.

이 작품을 시작으로 역사 속 여성 인물들에 대한 평가가 새로워지기 시작한다. 무엇보다 명성황후에 대해 다시 생각해볼 수 있는 기회를 제공하는 작품이다. 더불어 일본의 정한론에 대해 생각해볼 수 있게 하는 작품으로 대한제국의 멸망이 가져온 일제강점기가 한국사에서 차지하고 있는 비중과 일제강점기가 우리에게 남긴 것이 무엇인지 생각해볼 수 있는 기회를 마련한다.

## 한양도성에 불어오는 변화의 바람

　〈명성황후〉의 주요 무대는 경복궁과 운현궁, 그리고 정동이다. 특히 명성황후가 시해당한 장소인 경복궁의 건청궁 옥호루는 고종 때 경복궁 안에 지어진 사대부집을 닮은 궁궐 안의 작은 궁이다. 경복궁에서 가장 뒤쪽에 있는데 명성황후는 건청궁에서 중전의 거처인 곤녕합의 옥호루에서 미우라가 보낸 일본 무사들에게 잔인하게 시해 당한다. 무엇보다 안타까운 점은 그녀의 시신은 수습조차 할 수 없었고 그녀를 시해한 일본 무사들에 의해 시신 상태로 능욕을 당하고 불에 태워졌다. 그래서 고종이 대한제국을 세우고 명성황후의 장례를 치를 때 시신 대신 명성황후의 옷을 넣고 장례를 행했다. 건청궁 곤녕합 옥호루를 찾아 명성황후의 숨결을 한번 느껴보는 것은 어떨까?

경복궁 건청궁 입구 ⓒ필자

을미사변을 기점으로 고종의 치세는 나눠진다. 을미사변 직후 고종은 경복궁에서 러시아 공사관인 '아관'으로 거처를 옮겼다가 정동에 위치한 경운궁(덕수궁)으로 옮겨간다. 이후 대한제국을 세운다. 고종은 덕수궁을 중심으로 국가를 운영한다. 고종은 대한제국을 세운 후 거의

명성황후 금책(국립고궁박물관 소장) ⓒ필자

한 번도 경복궁으로 돌아가지 않는다. 고종에게 경복궁은 두려운 장소가 된 것이다. 무엇보다 정동이 비상시에 외국 공사관으로 피신하기 쉬웠기에 고종은 아관에서 환궁할 때 경운궁으로 한 것이다.

고종은 대한제국을 세우면서 제국주의 열강들과 어깨를 나란히 하겠다는 결심을 한다. 하지만 대한제국을 세운 뒤 약 7년이 흐른 시점인 1904년의 러일전쟁을 기점으로 국제정세가 더욱 급격하게 변한다. 그러면서 대한제국에 위기가 다가왔고 고종은 위기를 극복하려 했으나 뜻대로 되지 않는다. 그의 시대착오적인 사고와 일본의 검은 야욕으로 대한제국은 일본의 식민지로 추락하게 됐다. 무엇보다 1905년 중명전에서 강압적으로 체결된 조약인 을사늑약으로 나라의 외교권을 빼앗기면서 대한제국이 국가의 멸망을 향해 가는 속도는 더욱 빨라졌다.

특히, 고종이 대한제국을 세우면서 정동과 덕수궁을 중심으로 새롭게 수도 한양을 변화시키려 했으나 이 또한 그의 뜻대로 되지 않았다. 오히려 일

제강점기를 거치면서 여러 궁궐과 왕릉 등이 다수 훼손되고 사라졌고 시간이 흐르면서 현재의 모습이 됐다. 일제강점기 훼손된 조선과 대한제국의 문화유산은 해방 후 복원 사업을 통해 점진적으로 복원되고 있다. 최근엔 덕수궁 안에 있던 서양식 건물인 '돈덕전'이 복원됐다. 그리고 약 14년 전에는 중명전이 복원되어 을사늑약과 제국주의 열강과 조선 및 대한제국의 외교 역사를 보여주는 일종의 박물관으로 활용되고 있다.

명성황후의 본향은 지금의 여주로 그의 성씨인 여흥 민씨의 여흥이 바로 여주다. 그래서 여주에서도 명성황후의 흔적을 찾아볼 수 있다. 원래는 한양 도성에 있었으나 해방 후 명성황후 생가 보존을 위해 그녀의 본향인 여주로 옮겨 복원된 감고당이 있다. 감고당은 숙종 때 인현왕후가 왕비의 자리에서 쫓겨나 기거했던 집이다. 또한 여주 신륵사 근처에 '여주박물관'이 있는데 여기엔 여주의 역사와 여주의 인물들에 대한 자료가 소장되어 있다. 명성황후에 대한 자료도 소장하고 있는 것으로 알고 있다. 그리고 여흥 민씨 집안에 내려오는 고추장 레시피가 있는데 명성황후가 집안의 고추장을 좋아해서 궁에 들어가서도 찾았기에 종종 명성황후에게 진상했다고 한다.

감고당 터 표지석 ⓒ필자

서울의 경복궁과 덕수궁 그리고 정동은 조선 말기에서 대한제국까지의 역사가 치열하고 다이나믹하게 펼쳐졌던 현장이다. 지금은 과거와 현재가 혼재되어 있지만 현재 속 과거의 공간을 찾아갔을 때 그곳에서만 느낄 수 있는 느낌이 있다. 또한 여주에 있는 명성황후의 생가이자 인현왕후가 궁에서 폐출되었을 때 인고의 시간을 보냈던 감고당에서 유서 깊은 왕비 집안인 여흥 민씨가 전 조선을 거치면서 겪었을 파란만장한 삶을 한번 느껴보는 것도 현장을 답사하는 하나의 즐거움이 될 것이다.

"역사를 해석하고 평가할 때 인물에 대한 평가도 필요하지만 사건 자체에 대한 평가도 필요하지 않을까? 사건이 일어난 원인과 그 결과를 통해 우리의 현재 삶에 적용할 수 있는 교훈을 이끌어내는 것이 현재 우리에게 더 긍정적인 결과를 가져올 것이다."

### 프리한 학예사의 체크체크

- ⊘ 고종과 흥선대원군 그리고 명성황후 간에 인간관계와 이해관계를 알고 이해한다면 작품을 더욱 흥미진진하게 감상할 수 있다.
- ⊘ 작품에 등장하는 흥선대원군의 쇄국정책이 가져온 고종 때의 역사와 그로 인해 현재까지 이어지는 나비효과에 무엇이 있는지 생각해볼 필요가 있다.
- ⊘ 역사를 해석하고 바라보는 다양한 관점을 이해하고 역사적 사건 자체에 대해 객관적으로 분석하고 이해 할 필요가 있음을 이해한다.
- ⊘ 19세기의 세계사 속에서 조선과 대한제국의 역사를 다시 생각해보자.

## 세상을 리드하지 못한 리더가 불러온 어둠

# 〈밀사〉

〈밀사〉 포스터(2017)

## 호소해다오, 나의 뜻을 세계만방에!

을미사변 이후 고종은 대한제국을 세웠는데 대한제국을 세우면서 자신이 믿을만한 사람을 모아 '제국익문사'라는 비밀기관을 세웠다. 그리고 고종은 이 기관에 소속된 사람들을 통해 밀서를 보내 그 속에 담긴 자신의 명을 수행하도록 했다. 정확한 것은 알 수 없지만 헤이그밀사 곧, 헤이그 특사도 제국익문사에 속한 사람들 중에서 선택했다고 생각한다. 을미사변 후 고종은 주변 사람들을 믿을 수 없었다. 무엇보다 점점 좁혀오는 일제의 압박 속에서 나라를 지키기 위해 제국익문사를 설치하고 이를 통해 정치를 했다. 헤이그 밀사도 이 일환의 하나다.

제국익문사 인장(국립고궁박물관 소장) ⓒ필자

1905년 을사늑약이 체결된 후 대한제국은 국제적으로 독립적인 국가로 인정받지 못했다. 그러면서 나라의 운명은 바람 앞의 촛불 신세가 됐다. 이후 고종은 어떻게든 나라의 주권을 다시 찾고자 했는데 그 중 하나가 바로 헤이그 특사 즉, 헤이그 밀사다. 고종은 자신이 믿을 수 있는 인물인 이준과 이상설을 부르고 이와 함께 둘의 칙명 수행을 도와줄 인물로 왕족의 혈연인 이위종을 포섭한다. 이위종은 이범진의 아들로 외국어 능력이 뛰어났기에 고종의 뜻을 세계 여러 나라에 전달하는 데에 안성맞춤이었다. 고종은 세 인물에게 세계만방에 자신의 뜻을 알리며 널리 호소해줄 것을 명한다. 작품에서 세 인물이 고종을 알현하는 장면에서 직접 자신의 뜻을 알리는 것으로 그려지지만 실제 역사에서는 이준과 이상설이 고종의 명을 받고 이위종을 만나러 러시아로 간다. 그리고 러시아에서 이위종을 만나 네덜란드의 헤이그로 향한다.

## 이루지 못한 고종의 밀명과 헤이그 특사들

헤이그로 도착한 세 사람! 하지만 그들은 회의장에 들어갈 수 없었다. 세 명의 특사는 좌절하고 실망했다. 하지만 이위종의 기지로 회의장 밖에서 고종의 뜻을 알렸다. 그러나 국제사회는 받아들이지 않았다. 실제 역사에서도 그렇지만 이준과 이상설은 회의장에 들어가지 못한 것에 좌절했다. 이 과정에서 이준은 헤이그에서 세상을 떠난다. 그리고 이상설과 이위종은 각자의 길로 가게 된다. 작품에서는 헤이그에서의 모습이 중간쯤에 나온다. 그리고 무대도 당시의 분위기와 세 인물의 심리는 잘 느낄 수 있게 그려진다. 이 작품은 허구가 가미된 작품임에도 불구하고 허구의 비율이 상대적으로 낮은 편이다.

작품을 보면서 전에는 알지 못했던 이위종에 대해 조금은 더 알게 됐다. 이위종이 국제결혼을 했다는 것도 이 작품을 통해 알게 됐다. 더불어 당시 대한제국의 역사에 대해서도 더 알아볼 수 있는 기회가 됐다. 작품에서 그려지는 이위종은 일찍이 외국의 공사로 가는 아버지를 따라 서구의 신문물을 익혔고 서구의 생활문화에 익숙하게 그려진다. 그래서인지 이위종은 러시아인 여성과 결혼하게 되고 둘 사이에 딸을 두게 된다.

작품 속 이위종은 헤이그 특사 후에 러시아와 연해주 등 동북지역에서 일제에 대항하여 독립운동으로 무장투쟁을 하다가 한 전투에서 전사한다. 실제 역사에서도 이위종은 헤이그 특사 후 만주와 러시아, 연해주로 돌아와 무장투쟁의 방법으로 독립운동을 하다 세상을 떠난 것으로 알려진다.

더불어 작품에서는 이위종의 아버지인 이범진의 최후에 대해서만 그려지지만 사실 그에게 형이 있다. 이름은 '이기종'으로 일제 경찰들에게 잡혀 모진 고문을 받고 옥고를 치르고 나와 행려병자로 살다 길에서 세상을 떠났다고 전해진다.

이위종은 족강 한 전주이씨로 왕실의 혈통이다. 그래서 고종으로부터 신뢰를 받기도 했고 아버지 이범진뿐만 아니라 이위종 자신도 외국의 대한제국 공사관의 관리로 임명되어 활동하기도 했다. 하지만 이범진은 경술국치를 맞이하면서 스스로 자결하고 이위종은 헤이그 특사 후에 국가로부터 죄를 받아 쫓기는 신세가 된다. 이후 이위종은 러시아와 만주, 연해주에서 나름의 무장투쟁 활동을 하다 1920년대 중·후반쯤 사망한 것으로 알려졌다. 이와 같은 이위종 가족들의 최후를 보면 진정한 노블리스 오블리주가 무엇인지 알 수 있다.

작품에서 이위종에 대한 테마곡인 '반짝이는 별'은 어쩌면 이위종의 삶을 상징하는 것이 아닐까 생각한다. 조선 왕족의 후예로 시대를 제대로 타고 났다면 역사에 빛날 큰 인물이 되었을 텐데 그러지 못한 이위종의 처지를 대변하는 듯한 가사가 담긴 넘버. 작품에서 이위종은 총을 맞고 생을 마감하는 것으로 그려지지만 실제 역사에서는 그의 죽음에 대한 어떤 기록도 찾아볼 수 없다. 다만, 2000년대 이위종이 러시아에서 활동하면서 기록한 자서전을 통해 그가 1924년까지는 살아있었음을 추정할 뿐이다. 작품은 헤이그 특사 중 한 사람인 이위종에 대해 집중적으로 조명하고 있고 러시아의 귀족 출신인 그의 아내가 하는 내레이션을 통해 이위종이 20세기 초반에 소리 소문 없이 하늘의 별이 되었음을 말하고 있다.

## 빼앗긴 주권을 되찾고자 한 노력의 역사가 담긴 그곳

중명전 ©위키디피아

대한제국은 한국사에서 가장 짧은 기간 존재했던 나라로 고종의 잘못된 판단으로 세워진 나라였다. 무엇보다 서구 열강과 국제정세를 제대로 알지 못한 채 세워졌고 이로서 국정운영의 오류가 많았다. 특히, 일제의 야욕으로 인해 고종의 염원과는 다르게 대한제국의 역사는 건국한 지 13년 만에 막을 내린다. 대한제국이 무너진 이유가 몇 가지 있는데 첫 번째는 세계의 정세를 제대로 알지 못한 것이다. 두 번째로 일제의 정한론아래 이뤄지던 주도면밀한 야욕을 읽어내지 못했다. 무엇보다 1905년 을사늑약이 체결되면서 대한제국은 급속도로 멸망의 길로 접어든다.

을사늑약이 맺어진 장소는 현재는 덕수궁 궐 밖에 위치한 중명전이다.

을사늑약이 맺어지던 당시엔 덕수궁(경운궁) 안에 위치했으나 현재는 덕수궁 밖에 복원됐다. 중명전은 을사늑약과 헤이그 특사에 대한 박물관 및 기념관으로 활용되고 있는데 고종이 서구 열강들과 맺었던 조약 및 일본과 맺었던 조약의 역사를 알아보고 느낄 수 있도록 구성되었다. 헤이그 특사에 대해서도 언급되긴 하지만 대체로 고종이 제국주의 열강들과 맺었던 조약과 을사늑약의 역사를 살펴보고 당시의 모습을 느낄 수 있도록 했다. 중명전이 위치한 정동은 조선이 제국주의 열강들과 외교조약을 맺으면서 여러 나라의 공사관과 영사관이 들어섰던 지역이다. 곧, 정동은 조선이 세계 정세 속에 편입되기 시작한 시기 외교의 역사를 담고 있는 현장이다.

헤이그 특사의 인물들 중에서 현재 안국역의 하나은행 근처에 집터 표지석이 있는 인물이 있는데 바로 이준 열사다. 그는 헤이그의 회의장으로 들어가지 못하자 그에 대한 충격으로 생을 마감했다. 하지만 이준 열사가 헤이그에서 세상을 떠난 것이 어쩌면 그에게 더 나았던 선택이었을지 모른다. 헤이그 특사가 일제에 발각되면서 고종은 강제로 황제의 자리에서 내려오게 됐고 헤이그 특사로 간 인물들은 국가로부터 죄를 받아 한반도로 다시 돌아올 수 없는 상황에 처했기 때문이다. 그래서 이위종도 아버지인 이범진이 세상을 떠났음에도

이준 집터 표지석 ⓒ필자

불구하고 조국으로 돌아오지 못하고 외국에서 세상을 떠날 수밖에 없었다.

그리고 대한제국을 세우면서 고종이 설치한 기관인 '제국익문사'에서 사용했던 인장이 현재 국립고궁박물관 대한제국실에 전시되어 있다. 이 인장은 고종과 제국익문사에 속한 사람들만이 알고 있는 도장이었다. 을미사변 후 주변사람들을 믿을 수 없었던 고종이 정치를 하기 위해 설치한 기관의 도장이다.

"리더의 무력함과 무능함은 그 어떤 이유로도 용서받을 수 없는 것이 아닐까? 그로 인해 벌어지는 시련과 고통은 리더뿐만 아니라 그 아래 사람들이 고스란히 감당해야하기 때문이다."

### 프리한 학예사의 체크체크

- ⊘ 조선시대 왕족인 전주이씨는 시간이 흐르면서 왕족의 혈통이지만 왕족으로 인정되지 않는 사람들이 나오는데 왕족의 범위가 어디까지인지 안다면 이위종의 당시 신분을 이해하고 작품을 더욱 흥미 있게 감상할 수 있다.
- ⊘ 고종의 제국익문사 인장에 대한 이야기를 알 수 있는 <천상의 컬렉션> '제국익문사' 편을 참고하여 작품 속에 깔린 제국익문사의 모습을 느껴보자.
- ⊘ 이범진과 이위종 부자가 위정자로서 취했던 태도에 대해 생각하면서 작품을 보면 진정한 정치가의 모습이 무엇인지 알 수 있을 것이다.
- ⊘ 국제적으로 외교활동을 하기 위해 필요한 조건이 무엇인지 생각해보고 우리가 을사늑약을 막지 못함으로 벌어진 아프고 어두운 역사에 대해 생각해보자.
- ⊘ 을사오적과 고종의 알현장면에서 불리는 넘버를 잘 들어보면 을사오적을 쉽게 기억할 수 있을 것이다.

## 저마다의 열매를 위해 노력하는 모두가 영웅

# 〈영웅〉

〈영웅〉 포스터(2024)

## 아직 촛불은 꺼지지 않았다

아직 일제의 식민지로 전락하기 전 한반도를 집어삼키려는 일제의 야욕을 막으려 했던 그 마지막 발버둥! 거사는 성공했으나 한반도가 일제의 식민지로 전락하는 것을 막을 수 없었던 그의 마음은 어떠했을까? 뮤지컬〈영웅〉이라는 작품의 주인공인 안중근!! 한국사에서 의로운 지사인 의사

(義士)의 칭호를 경술국치 이전에 받은 인물이다.

안중근은 일제의 정한론을 실행하기 위해 노력하는 이토 히로부미를 하얼빈역에서 총으로 쏴 죽인 인물이다. 그래서 그는 위인이 됐고 뮤지컬 작품이 만들어졌다. 팩션(Faction)형태의 작품으로 극에 등장하는 명성황후를 모셨던 궁녀로 나오는 설희는 허구지만 나름 인상 깊게 그녀의 일생이 그려진다. 비록 나라의 상황이 바람 앞의 등불이었지만 안중근은 마지막 희망까지 버리지는 않았다. 그리고 안중근 주변엔 무너져가는 나라를 다시 일으켜 세우기 위해 크고 작은 노력을 기울이는 사람들이 많다는 것을 보여준다.

작품은 일제가 대한제국을 집어삼키기 위해 마지막 스팟을 올리는 시기에 이를 막기 위해 치열하게 노력한 안중근의 일대기를 그린다. 무엇보다 1904년 러일전쟁과 1905년 을사늑약 이후 고지가 멀지 않은 상황에서 노골적으로 속내를 드러내기 시작한 일제의 모습을 표현한다. 작품에서 묘사하고 있는 장면 중 유독 인상 깊었던 것은 일제가 한반도에 있는 문화유산을 자국으로 몰래 가지고 가서 마치 전리품을 얻은 것 마냥 행동하는 장면이다. 고위 관리에게 하급관리가 대한제국의 문화유산을 바치는 장면이 그려진다. 아직도 일본에 남아있는 한국의 문화유산이 많으며 이러한 사실을 우리가 잊지 않았으면 하는 마음에 삽입된 장면이지 않을까?

안중근이 이토히로부미를 성공적으로 쏴 죽일 수 있었던 것은 그의 끈질긴 노력도 있었지만 주변에서 물심양면으로 자신의 안위는 생각하지 않고 그를 도와주는 여러 사람들 덕분이었다. 그중에서 별명이 패치카인 최재형 선생님은 한국 독립운동사에서 큰 역할을 한 분이다. 일제 식민지로 전락하기 전부터 최재형은 일제의 마수 속에서 나라를 구하기 위해 다양한 노력을 기울인다. 최재형은 안중근을 비롯해서 러시아와 연해주 등 동북 지역에서 독립운동을 하는 많은 독립 운동가들을 도왔다. 현재 최재형의 후손들이 러시아에 살고 있는 것으로 안다.

작품 속에서 안중근이 이토를 정확하게 쏴죽일 수 있도록 하는데 설희의 역할이 크다. 실제 역사에서는 정확하게 어땠는지 모르지만 작품에선 설희의 희생을 통해 누가 이토인지 정확히 알게 되고 안중근은 하얼빈역에 들어온 기차에서 내리는 이토를 향해 총을 쐈고 이토는 숨을 거둔다. 작품에서 '설희'라는 허구의 인물을 만든 것은 나라가 위험에 처했을 때 여성도 국민의 한 사람으로 자신의 위치에서 할 수 있는 최선을 다해 나라에 도움이 된다는 것을 보여주고 있다. 작품에서 설희가 이렇게까지 한 이유엔 을미사변으로 세상을 떠난 명성황후의 은혜를 입었다는 설정이다. 안중근 의사가 이토를 쏴죽인 것은 1909년 10월로 대한제국의 멸망이 얼마 남지 않았던 시점이다. 본 작품을 통해 안중근 의사의 업적을 기리는 것도 있지만 그보다 '세상의 모든 일은 끝날 때까지 끝난 것이 아니다'라는 메시지를 전달하기 위한 것이 더 강한 것으로 보인다. 비록 대한제국은 그 문을 닫았지만 대한제국의 많은 사람들은 마지막까지 포기하지 않았다.

# 이토를 통해 알아보는 일제가 한반도에 저지른 15가지의 죄

작품의 하이라이트는 재판장면으로 안중근과 조덕순 이동하 등 이토 히로부미를 처단한 순간에 현장에서 잡힌 3명에 대한 재판 모습이다. 무엇보다 이 장면에서 부르는 넘버인 '누가 죄인인가'는 이토의 죄목 15가지가 잘 담겨 있다. 작품에서 이토의 죄로 대표되지만 실제로 15가지의 죄목은 일본이 한반도에 행한 15가지의 악업이자 죄목이다. 일제가 한반도를 집어삼키기 위해 19세기 말부터 해온 모든 일이 담겨 있다. 이중에는 명성황후의 시해도 담겨 있다. 가상의 인물인 설희가 안중근을 도왔던 이유를 알 수 있는 대목이다.

넘버를 듣다보면 사소한 궁금증이 생기는데 '넘버에 과연 정말로 이토의 15가지 죄목이 모두 언급이 되는가?'이다. 확인해보니 넘버엔 실제로 15가지의 죄목이 언급된다. 넘버의 가사를 통해 일제가 한반도를 집어삼키기 위해 행한 악업들이 무엇인지 쉽게 알 수 있다. 그리고 이런 일제의 악업을 막지 못하고 그저 당하고만 있었던 조선과 대한제국은 도대체 어떤 나라인지 화가 나기도 하고 답답해지기도 한다.

한반도가 일제에 먹혀버린 것은 황실이 무기력하고 무능력해진 탓도 있지만 그보다 일제의 주도면밀하고 악랄한 국정농단과 친일파의 배신으로 한반도가 일제의 식민지로 전락한 것이다. 안중근 의사는 이를 막으려 노력했지만 1910년 3월 26일에 일제에 의해 처형당했고 이때 일제가 처리한 안중근 의사의 시신은 아직도 찾지 못하고 있다.

안중근 의사가 사형당한 곳은 다롄의 뤼순감옥이다. 한국의 학계와 뜻이 있는 단체가 안중근 의사의 시신을 찾으려 백방으로 노력하고 있으나 아직도 찾지 못했다. 해방 후 김구 선생님과 뜻이 있는 독립운동가 들이 뜻을 모아 해외에 있는 독립운동가의 유해를 한반도로 모셔와 재 안장하는 일을 했으나 안중근 의사의 시신이 안장될 가묘는 지금도 비어 있다.

더불어 우리는 아직도 일본에게 15가지 죄목에 대한 사과를 받지 못하고 있다. 나아가 일제강점기 한반도의 조선인들에게 행한 용서하기 힘든 악업에 대한 사과도 전혀 받지 못했다. 시간은 점점 흐르고 당시의 상황을 생생하게 증언해줄 분들도 점점 사라지고 있는 시점에서 한시라도 빠른 일본의 진심어린 사과가 필요하다. 그러나 일본은 그럴 생각이 전혀 없고 한국의 외교상황을 보면 사과를 받아낼 수 있을지 의문이다. 비록 지나간 과거의 일이지만 피해국의 입장에서 일본의 진심어린 사과를 받지 못한다면 안중근 의사가 지하에서 피눈물을 흘릴 것이다.

작품의 넘버 중 가장 널리 알려진 넘버가 '누가 죄인인가?'인 이유에 일본이 지금이라도 한국에 진심어린 사과하기를 바라는 마음이 담겨있지 않을까? 무엇보다 본 작품을 통해 한국의 많은 사람들이 과거 일제가 한반도에 저지른 잘못에 대해 제대로 인식하고 역사를 바라보는 올바른 인식을 가졌으면 하는 마음이 담겨 있다.

자세히 살펴보면 일본이 한반도에 저지른 잘못이 15가지가 넘겠지만 작품에서 15가지로 한 것은 안중근의 유품에 기록된 이토의 죄목이 15가지이

기 때문이다. 그리고 안중근 의사
가 이토를 암살한 시점에서 일제
가 저지른 죄목이 15가지로 정리
가 됐기 때문이다. 무엇보다 대한
제국의 역사를 다시 한 번 생각해
보고 일본의 손아귀에서 놀아나
는 일은 다시는 없어야 할 것이라
는 메시지를 담고 있다. 일제강점

관람일 캐스팅보드 ⓒ필자

기와 같은 역사를 반복하지 않기 위해 우리가 지금 해야 할 일이 무엇인지
생각하고 이를 위해 우리가 할 수 있는 일을 찾아 실천하는 실천력을 키우
라는 메시지도 함께 담겨 있다.

## 안중근의 일생과 정한론에 맞서는 동양평화론

작품은 안중근의 일생을 따라가며 안중근이 이토를 암살한 것은 동양평
화론을 실천한 것이라는 메시지를 담고 있다. 물론 이토를 암살한 것은 이
토가 지은 15가지 죄목 때문이기도 하지만 이토가 동양의 평화를 파괴한
죄인이기에 안중근이 암살했다는 것을 강조한다. 그리고 이토가 안중근에
의해 세상을 떠나게 된 것은 일본의 정한론에 맞서는 대한제국의 뜻 있는
사람들의 의지다. 일본은 조선중기 임진왜란 때도 그랬지만 메이지유신 후
다시 한 번 한반도를 집어 삼키려 했다. 후쿠자와 유키치의 정한론은 일본

에게 나라를 발전시킨 엄청난 사상이었겠지만 한국 입장에서 정한론은 세상에서 없어져야 할 사상이었다. 안중근의 동양평화론은 바로 정한론에 반하는 사상이다.

허구가 가미된 작품이지만 공연을 보면서 안중근 의사에 대해 조금 더 알 수 있다. 더불어 안중근이 이토를 암살한 이유 중 가장 큰 이유가 동양평화론과 밀접한 관련이 있음을 작품을 통해 느낄 수 있다. 특히 작품의 제목이 〈영웅〉인 이유가 무엇인지 알게 됐는데 그것은 역사적으로 널리 알려진 인물들만이 영웅이 아니라 일본의 야욕에 맞서 자신의 자리에서 할 수 있는 일을 한 모든 사람들이 영웅이라는 뜻을 담고 있다. 작품에서 그려지는 설희나 중국 하얼빈의 만두집 주인이 대표적인 사례다.

## 짧지만 굵게 살다간 영웅 안중근

대한제국 말기에 나라를 일본의 정한론에서 구하기 위해 노력한 인물 중에서 한국과 중국 양국에 기념관을 가진 인물은 안중근 의사가 유일하지 않을까? 중국의 안중근 기념관은 안중근 의사가 이토를 암살한 현장인 하얼빈역과 가까운 곳에 있다. 그 이유는 하얼빈역이 사건의 현장이기 때문이기도 하지만 하얼빈도 당시 러시아의 영향력 아래에 있었기에 대한제국과 비슷한 부분이 있기 때문이다. 그래서 더욱 안중근 의사의 의거가 눈에 띄었고 무엇보다 역사의 현장으로 의미가 깊은 장소이기 때문이다. 안중근 의사의 하얼빈 기념관은 실제로 가본 적은 없지만 중국에서 유일하게 안중근을 기리는 공간이다.

그리고 한국의 안중근 기념관은 서울 남산도서관 뒤쪽에 있다. 안중근 의사의 유품이 그리 많지 않지만 안중근의 삶을 보여주기 위해 노력한 흔적이 보인다. 한국

하얼빈 안중근 기념관 입구 ©위키디피아

안중근 기념관에 소장된 안중근 의사의 유묵은 대체로 복제가 아닌 실제인 것으로 안다. 물론 안중근 의사와 관련된 자료가 타 기관에 소장된 것이라면 그를 영인본으로 복제하여 전시할 수도 있지만 안중근 기념관에서 수집한 자료라면 대체로 실제 안중근 의사의 유품이다.

한국의 안중근 기념관은 안중근 의사의 일생을 쉽게 익힐 수 있도록 구성되었다. 무엇보다 안중근 의사를 비롯해서 국가가 처한 어려운 현실에서 나라를 구하기 위해 자신의 한목숨 희생한 분들을 기리고 감사함을 느낄 수 있도록 하는 공간도 있다. 안중근 기념관을 관람하다보면 뮤지컬에서 하이라이트 넘버인 '누가 죄인인가'의 모티브가 되는 유물이 있다. 그리고 안중근 의사의 동양평화론에 대한 글도 전시되어 있는데 지금은 통하지 않는 생각일지 모르나 당시로서 안중근 의사에게 큰 영향을 준 사상이다. 대한제국과 주변의 나라들이 서로 평화롭게 공존할 수 있는 방법을 담고 있다.

기회가 된다면 안중근 기념관은 도장 깨기 하듯 한국의 안중근 기념관과 하얼빈의 안중근 기념관 모두 가보는 것도 좋은 경험이 될 것이다. 무엇보다 다각도로 안중근 의사를 느껴볼 수 있는 좋은 기회.

"사람의 일은 마지막까지 해보지 않고는 모른다. 그러기에 처한 상황이 어떠하든 자신이 하고자 하는 일, 해야 할 일을 피하지 말고 당당하게 맞서보는 굳은 심지가 필요하다."

## 프리한 학예사의 체크체크

- ⊘ 뮤지컬 영화인 <영웅>을 관람 전에 보고 가면 작품을 더욱 흥미진진하게 감상할 수 있다.
- ⊘ 일제가 한반도에서 불법적으로 반출한 문화유산에 무엇이 있는지 알아보자
- ⊘ 한국의 안중근 기념관을 방문하여 안중근 의사의 어린 시절도 살펴보면 실제 안중근 의사뿐만 아니라 작품 속 안중근의 심리와 재판에서 당당했던 그의 모습을 상상할 수 있다.
- ⊘ 고종의 강제 퇴위와 순종의 즉위, 순종의 정실인 순정효황후 윤씨가 마지막까지 나라를 지키기 위해 했던 행동에 대한 에피소드를 통해 작품 속 설희의 심정을 조금이나마 이해해보자.

3장

다양한 투쟁과 희생,
상처로 얻어낸 자유와 해방

꿋꿋이 버텨낸 일상과 보물이 된 기록

# 〈제시의 일기〉

〈제시의 일기〉 포스터(2023)

## 오래지 않은 일상의 기록이 채운 역사의 빈틈

〈제시의 일기〉라는 작품은 실존 인물들의 이야기를 기반으로 만들어졌다. 일제강점기 중국에서 활동했던 한 임시정부요원 부부가 쓴 육아일기를 토대로 만들어졌다. '제시의 일기'라는 기록을 통해 전에는 알려지지 않았던 임시정부 요원들의 일상이 널리 알려졌다. 이것이 바로 기록의 힘으로

'제시의 일기'를 통해 기록이 발견되기 전까지 몰랐던 임시정부요원들의 상해에서의 생활에 대해 조금이나마 알 수 있다. 무엇보다 일기가 쓰인 시점이 1930년대~1940년대로 일제강점기 후반부 상해에서의 독립운동과 임시정부 요원들의 일상을 유추할 수 있게 한다.

'제시의 일기'는 아직 100년이 채 되지 않은 기록이다. 우리가 생각하는 것보다 오래되지 않았다. 하지만 일기의 나이를 사람으로 치면 노인으로 나름 긴 시간을 버텼다. 70여 년 이상 버티다가 최근에 발견됐고 한국 독립운동사에서 중요하고 뜻 깊은 1차 사료로서의 가치를 가지게 됐다. 일제강점기를 시간적으로 계산하면 아직도 현재를 기준으로 그리 멀지 않다. 그래서 관련 자료가 많을 것으로 생각되지만 독립운동에 대한 자료는 우리가 생각하는 것보다 그리 많지 않다. 관련 학계에서 꾸준한 연구를 통해 숨겨진 자료를 찾아내고는 있지만 쉽지 않다. 그 이유는 한반도의 독립을 위해 노력한 수많은 인물들의 대부분은 대체로 기록을 남길 수 있는 상황이 아니었기 때문이다. 그래서 더더욱 '제시의 일기'의 발견이 역사적으로 큰 의미가 있다.

## 일제강점기 후반 상해 독립 운동가들의 일상

작품에서 그려지는 제시와 그녀의 부모인 양우조, 최선화 부부의 삶은 임시정부의 운명과 함께하며 딸을 키우는 모습이다. 작품의 시작은 제시의 부모인 양우조와 최선화가 서로 만나 결혼을 하는 이야기부터 시작한다.

제시가 태어난 시기는 일제강점기 후반부로 중일전쟁이 한창일 때다. 그리고 일기가 기록된 시기는 1938년에서 1946년 임시정부요원들의 환국까지 기록되어 있다. 일기가 기록되던 시기는 제2차 세계대전과 태평양 전쟁 등 수많은 전쟁이 전 세계적으로 일어났던 시기였다. 그래서인지 작품에서 전쟁의 공습을 피해 다니는 장면이 자주 등장한다. 그리고 임시정부 요원들이 임시정부에서 그들에게 주어진 역할에 따라 때론 집을 떠나있어야 하는 모습도 그려진다. 그래서 임시정부 요원들의 가족은 스스로가 자신과 남은 가족들을 지켜야 했다. 작품에서 최선화가 남편인 양우조가 임시정부의 일로 자리를 비웠을 때 남편의 무사귀환을 기원하며 제시와 자신의 목숨을 지켜나가는 모습이 그려진다.

그리고 일기에서도 나오지만 작품에서 임시정부요원과 그의 가족들은 대부분 경제적으로 어려운 상황이었다. 이 때 임시정부의 수장인 김구 선생님이 요원들의 가족들을 살뜰히 챙기는 모습도 살짝 비춰진다. 요원들의 가족들은 경제적인 어려움을 벗어나기 위해 어떻게든 돈을 벌어야 했다. 그래서 작품에서 최선화가 살림을 꾸리기 위해 무슨 일이든 하는 모습이 그려진다. 공연을 보면서 가장 인상 깊었던 것은 임시정부요원과 그 가족들이 일상의 어려운 상황 속에서도 가족 간의 사랑을 잃지 않는 모습이

『제시의 일기』 도서 ⓒ필자

다. 솔직히 언제부턴가 가족 간의 사랑을 느끼기 쉽지 않다. 무엇보다 경제적으로 성공하지 못하는 가족은 쓸모없는 가족으로 여겨지는 것이 현실이다. 이런 현재의 상황을 볼 때 제시의 일기 속에 나오는 임시정부요원 가족들 간의 사랑이 부럽다.

## 일상의 기록은 또 다른 역사의 기록

작품을 통해 기록의 힘을 절실히 느꼈다. 과거의 역사적 사실이 전해지는 것은 사람들이 당시의 사실을 기록했기 때문이다. 한국은 일제강점기에 접어들면서 아니, 대한제국기에 접어들면서 기록의 중요성에 대해 망각하기 시작한다. 그리고 해방 후 더욱 기록의 중요성을 잊었다. 그래서 한국사를 연구하는 데에 있어서 중요한 기록과 자료들이 남을 수 없는 시기가 있었다. 더욱이 기록을 왜곡하고 기록을 의도적으로 없애버리는 시기도 있었다. 그래서 1990년대 후반에서 2000년대 초반 기록 관리에 대한 법이 규정됐다.

IT기술이 발전하면서 컴퓨터를 통해 전보다 더욱 많은 기록을 다양한 매체에 할 수 있게 됐고 이와 함께 빅데이터 구축이 활발해졌다. 기술의 발전도 있지만 빅데이터 구축이 활발해진 것은 기록을 통해 국가든 개인이든 많은 것을 바꿀 수 있음을 깨달았기 때문이다. 어느 방송에 나왔던 사례 중 꾸준한 기록을 통해 법정 소송에서 승소했던 한 할아버님의 사례를 통해 증명된다.

제시의 일기는 한 개인의 기록이나 현재까지 이어 내려오면서 후손에게 한국사에서 중요한 역사적 사실을 알렸다. 더불어 한 나라의 입장에서 오랜 시간 알지 못했던 역사적 사실을 알렸고 관련 학계의 역사연구가 활발해질 수 있도록 도왔다. 이를 통해 기록의 가치는 당대에도 존재하지만 시간이 흐른 뒤 가치는 더욱 올라간다는 것을 알 수 있다.

뮤지컬 〈제시의 일기〉는 일제강점기 중국에서 시도 때도 없이 거처를 옮겨가며 독립운동을 끊임없이 계속했던 임시정부요원들의 이야기다. 무엇보다 한 부부의 육아일기로 사적인 기록이다. 이를 통해 개인의 기록이 곧 역사를 기록하는 것이 될 수 있음을 알 수 있다. 그리고 이를 통해 기록의 중요성을 생각해볼 수 있다. 또한 한국이 일제강점기를 벗어날 수 있었던 것은 한 사람이 아닌 여러 사람의 노력이 모여 이뤄진 것임을 알아야 함을 말하고 있다.

## 한양도성 서쪽에 주로 담겨있는 독립운동의 역사

서울에서 독립운동의 역사와 문화를 느껴볼 수 있는 박물관과 유적지가 모여 있는 곳은 서대문구다. 그래서 서대문구는 3.1절 시즌과 8.15 광복절 시즌일 때 대대적으로 지역적으로 나름 큰 행사를 한다. 서대문형무소를 중심으로 일제강점기 독립운동의 역사와 그 시기를 살았던 사람들의 이야기가 담긴 유적지와 박물관이 있다. 그 중 특별전시에서 '제시의 일기'의 실물을 전시했던 국립 대한민국 임시정부 기념관은 우리나라에 세워진 유일한 임시정부의 독립운동을 연구하고 관련 자료를 수집하며 이를 전시하여 대중에게 알리는 기관이자 박물관이다. 본 박물관이 세워지면서 서대문형무소도 그렇고 딜쿠샤도 그렇고 시너지효과를 얻고 있다.

딜쿠샤는 일제강점기 때 한반도에 있던 앨버트 테일러라는 사람의 집으로 서양식으로 지어진 양옥집이다. 최근 서울시에서 복원하여 기념관이자 박물관으로 다시 개관했다. 일제강점기 한반도에 지어진 거의 유일한 서양인 가옥으로 최근 복원된 여러 근대 건축 문화유산 중에서 고증이 가장 잘된 것으로 알고 있다. 앨버트 테일러의 가옥의 별명이 '딜쿠샤'인 것은 앨버트의 아내 메리가 페르시아어로 '기쁜 마음'을 뜻하는 말인 딜쿠샤를 이 양옥집에 붙였기 때문이다.

서대문형무소는 대한제국 말기 일제가 독립운동가들을 체포하여 수용하는 감옥으로 지어졌다. 그리고 해방 후에는 민주화 운동을 하는 사람들을 체포하여 수용하며 1987년까지 사용된 감옥이다. 지금은 서대문형무소 역사관으로 바뀌었고 현재는 대체로 일제강점기 독립운동가의 수형생활을 알려주는 박물관이자 역사적인 공간으로 꾸며졌다.

그리고 19세기 말에 세워진 독립문도 서대문형무소 근처에 세워져 있다. 사실 독립문이 세워지던 당시의 위치는 현재 위치가 아니지만 해방 후 도시가 개발되면서 현재의 위치로 옮겨졌다. 19세기 말에 독립문이 세워진 것은 한반도가 청나라의 간섭에서 벗어나 독립적인 주권국가로 발전하기를 바라는 마음에서 세워졌다. 서대문구의 독립적인 나라로 거듭나기 위한 염원이 담긴 역사의 현장과 박물관을 둘러보며 일제강점기 독립운동의 열의와 뜻을 느끼며 독립운동가의 치열했던 삶을 생각해보고 그분들에 대한 고마운 마음을 가졌으면 한다.

"기억은 기록을 따라갈 수 없습니다. 사람의 기억에 한계가 있기에 인류는 일찍부터 기록을 했습니다. 우리 삶을 더욱 나은 방향으로 이끄는 필수요소는 기록입니다. 오늘부터 더 나은 삶을 위해 조그만 것이라도 기록해보는 것은 어떨까요?"

### 프리한 학예사의 체크체크

- ⊘ 작품의 모티브이자 실물 자료가 존재하는 사료의 단행본인 『제시의 일기』를 읽고 간다면 더욱 흥미진진하게 작품을 감상할 수 있다.
- ⊘ 1930년대 후반~1940년대의 세계사를 알아간다면 작품의 시간적 흐름을 잡는 데에 큰 도움이 된다.
- ⊘ 일제강점기 많은 독립 운동가들의 베이스캠프 역할을 했던 임시정부가 중국 본토 내에서 어떠한 경로로 이동했는지 알아간다면 제시의 일기에 담긴 여정이 더욱 선명하게 보인다.

## 편견과 혐오가 불러온 진창 속 투쟁

# 〈22년 2개월〉, 〈박열〉

〈22년 2개월〉 포스터(2023)    〈박열〉 포스터(2024)

## 인류가 만든 편협한 사고로 뒤늦게 인정받은 독립운동가

한국의 현대사는 이념을 빼놓고 이야기를 할 수 없다. 그만큼 한국 현대사를 움직인 줄기 중 하나는 바로 이념이다. 이러한 이유는 1950년 한반도에 일어난 한국전쟁 때문이다. 한국전쟁의 원인은 이념으로 세계적인 냉전 질서 속에서 일어났다. 냉전은 무기 없이 싸우는 전쟁으로 한반도는 세계적인 냉전의 분위기로 불필요한 전쟁을 해야 했다. 즉, 고래 등 싸움에 새우등 터진 꼴이다. 하지만 지금까지도 세계정세와 질서에 한반도가 놀아났음을 알지 못하는 사람들이 많다. 특히 나이가 많을수록 제대로 된 역사인식을 가진 사람들이 드물다.

이런 상황이 된 것은 한국의 잘못된 역사교육으로 인한 것이다. 그래서 일제강점기 독립을 위해 자신의 목숨을 아끼지 않고 노력을 했음에도 불구하고 이념으로 인해 보훈이 되지 못하고 대중에게 알려지지 못한 독립 운동가들도 많다. 박열도 그러한 사람들 중 한명이다. 그는 2000년 이후 뒤늦게 보훈이 되고 대중에게 널리 알려졌다.


박열이 대중에게 널리 알려지게 된 계기는 바로 인물의 이름을 제목으로 하는 영화 〈박열〉이다. 영화가 개봉되고 대중들의 인기를 끌게 되면서 '박열'이란 인물이 독립운동가로 대중에게 알려진 것이다. 이후 '박열'이라는 인물을 모티브로 해서 뮤지컬 작품이 만들어졌는데 하나도 아니고 두 개의 작품이 만들어졌다. 〈22년 2개월〉과 〈박열〉이 바로 그것이다. 두 작품이 모두 독립운동가 '박열'을 모티브로 그의 이야기를 하고 있지만 초점을 맞추는 부분과 관점은 서로 상당히 다르다.

작품 〈22년 2개월〉에서 그려지는 박열은 독립운동을 위해서 수단과 방법을 가리지 않지만 사랑하는 사람에 한해서 따뜻함이 가득 묻어난다. 〈22년 2개월〉에서 박열은 한반도에서 독립운동을 하다가 일제에 발각되어 일본으로 망명할 때 미래의 연인인 후미꼬(박문자)와 마주치게 된다. 그리고 이후 일본에서 살다가 후미꼬를 만나게 된다. 후미꼬를 만나게 되는 계기는 일본의 양심적인 변호사와 교류를 해서기도 하지만 박열이 일본으로 망명할 때 후미꼬와 부딪혀 서로 들고 있던 책이 바뀌어 그 책을 돌려주려 하다 만나게 된다. 그렇게 박열과 후미꼬는 서로 사랑을 나누게 되고 후미꼬는 박열과 함께 조선의 독립을 위해 노력하겠다한다. 그래서 훗날 박열이 일제에 불령선인으로 잡혀갔을 때 후미꼬도 함께 잡혀간다. 이후 영화에서 그려진 것과 같은 장면이 그려진다.

그리고 〈22년 2개월〉에서 그려지는 박열은 실제 역사적 사실과 같이 아나키스트로서의 모습이 그려진다. 더불어 한반도가 해방되면서 해방이후 옥에서 나와 먼저 세상을 떠난 아내인 박문자(후미꼬)의 무덤을 찾아가는 것으로 작품이 마무리된다.

반면에 〈박열〉은 박열과 후미꼬 그리고 이들을 기소하는 검사 사이의 이야기로, 초반에 박열과 후미꼬가 일제에 잡히고 둘의 재판 과정과 이 과정에서 검사의 심리변화를 그리고 있다. 그래서 넘버도 그렇고 무대에 그려지는 장면도 그렇고 거칠고 강한 감정과 심리가 많이 보인다. 그리고 〈22년 2개월〉보다 이성적인 분위기가 더욱 강하다. 아마 박열의 열정적인 모습과 아나키스트로서의 모습을 더욱 부각시키기 위해 이렇게 스토리를 구성하고 무대를 그린 것이라고 생각한다. 무엇보다 작품에서 그려지는 시기에도 두 작품 간에 차이가 있다. 〈22년 2개월〉은 박열의 일본 망명부터 시작되지만 〈박열〉은 이미 일본에서 살고 있으면서 후미꼬를 만나는 시점부터 시작한다.

세상에 박열을 알린 영화 〈박열〉과 감성이 비슷한 것은 〈22년 2개월〉이라고 생각한다. 허구적으로 차이가 나는 점도 있지만 후미꼬가 독립운동을 하는 박열을 지지하는 이유가 무대에 더 상세하게 그려지는 작품이 〈22년 2개월〉이기 때문이다. 또한 옥중에서 박열과 후미꼬가 결혼을 하고 사진을 찍는 장면도 〈22년 2개월〉이 더 감성적이고 감정적이다.

뮤지컬 〈박열〉은 박열의 사람됨도 그리지만 박열과 후미꼬를 기소하는 검사의 심리변화를 그리고 있다. 그리고 이를 통해 일본 사회의 수직적 분위기와 철저한 신분제와 계급제 그리고 사회를 풍자하고 있다. 무엇보다 현재까지 쉽게 바뀌지 않는 일본사회의 고지식한 면들을 풍자하고 있다. 박열의 다혈질적인 성정이 더욱 강하게 무대에 그려지는 것은 뮤지컬 〈박열〉이라는 생각이 든다.

〈22년 2개월〉과 〈박열〉 모두 박열의 일생을 그리고 있다. 하지만 〈22년 2개월〉은 박열의 일생을 그리는 범위가 더욱 넓다. 박열이 일본으로 넘어온 이유를 초반에 그리면서 일본에서 행하는 독립운동의 당위성에 더욱 초점을 맞추고 있다. 반면 〈박열〉은 박열이 1923년 관동 대지진으로 성난 일본 내의 민심을 달래기 위해 체포된 후의 모습에 더욱 초점을 맞춘다.

이렇게 두 작품이 박열의 삶에서 초점을 두는 부분에 차이가 있다. 하지만 박열의 아나키즘적인 성향과 폭탄을 활용한 독립운동을 하는 모습은 비슷하게 그려진다. 무엇보다 후미꼬와의 옥중결혼 장면은 두 작품 모두 영화가 생각나게 그려진다. 두 작품이 의미가 있는 것은 박열의 일생을 그린

점도 있지만 후미꼬가 오랫동안 일본에 등록되지 못한 무국적자였음을 직간접적으로 무대에 그린 점이다. 비록 여러 허구가 가미되었지만 두 작품 모두 박열이 어떤 사람인지 작품을 통해 생각

〈22년 2개월〉 관람일 캐스팅보드 ⓒ필자

해볼 수 있도록 한다. 더불어 박열에 대해 더욱 깊이 알아볼 수 있는 기회도 제공한다.

## 1923년 관동 대지진과 일본에 사는 조선인들의 운명

2023년은 한국에게도 일본에게도 역사적으로 중요한 의미가 있는 해였다. 양국 모두 같은 사건으로 인해 의미가 있었던 해인데 바로 2023년으로부터 100년 전 있었던 일본 관동 대지진이다. 관동 대지진으로 당시 일본에 살고 있던 수많은 조선인들이 일본인들에게 무참히 살해당했다. 그리고 〈22년 2개월〉과 〈박열〉의 주인공 독립운동가 박열이 일본에서 활동하던 중 경찰들에게 '불량선인'이라는 이유로 체포되는 계기가 된다. 당시 지진의 피해가 엄청 컸는데 그 때 일본정부는 민심을 잡기 위해 박열을 체포한다.

두 작품 모두 이런 내용이 그려지지만 〈박열〉에서 더욱 직접적으로 묘사된다. 특히 〈박열〉에서 지진 후에 일본에 살고 있는 조선인들에게 누명을 씌워 무참히 학살한 이유를 명확히 알 수 있다. 관동 대지진 100주년을

기념하여 〈22년 2개월〉과 〈박열〉이 2023년과 2024년에 무대에 올랐다. 2023년에는 뮤지컬뿐만 아니라 일본 애니메이션으로 〈스즈메의 문단속〉이 개봉됐는데 이 작품 속에도 관동 대지진을 의미하는 아이템과 대사, 상징 등이 작품 곳곳에 등장한다. 뮤지컬 두 작품 중 관동 대지진과 박열의 이야기를 더욱 직접적이며 강하게 표현하는 작품은 바로 〈박열〉이다. 〈22년 2개월〉에도 등장하긴 하지만 강하게 드러나는 작품은 〈박열〉이다.

그렇다면 1923년 당시 일본 정부는 왜 조선인들을 제물로 삼았을까? 자세한 상황은 알려지지 않아 모르겠으나 1920년대는 세계적으로 어려웠던 시기다. 1차 세계대전의 여파가 아직 남아 있고 당시 스페인독감이 끝난 지 얼마 안 되는 시점이다. 이런 어수선한 상황 속에서 1923년 관동 대지진이 일어났고 일본 국민들의 어려웠던 삶에 감당하기 벅찬 고난이 더해졌다. 그래서 당시 일본의 민심은 좋지 않다. 일본 정부는 이러한 일본 국민들의 성난 민심을 다스리기 위해 일본에 살고 있던 조선인들을 제물로 삼았던 것이다. 이러한 일본의 전략에 박열과 후미꼬가 걸려들었고 그들은 성난 민심을 달래는 희생양이 됐다. 이러한 일본의 전략은 박열의 계획을 어그러지게 했다. 이에 조금 더 일찍 거사를 시행하지 못한 자신을 용서할 수 없었다. 박열이 재판에서 자신에게 사형을 선고해달라고 한 이유가 여기에 있지 않을까?

그리고 박열을 지지하는 후미꼬도 박열과 함께 하겠다는 결심으로 스스로 일본 경찰에 자수하여 체포된다. 후미꼬는 박열과 운명을 함께 하기 위해 박열이 계획한 거사에 자신도 동참했다고 진술한다. 후미꼬가 이렇게 한 이유는 그녀의 어린 시절 삶이 불행했고 국가로부터 버려진 삶을 오래 도록 살았기 때문이다. 후미꼬에게 일본은 자신을 품어준 조국이 아니었 다. 무엇보다 후미꼬에게 박열이 없는 삶은 상상할 수 없었다. 이에 후미 꼬도 박열과 함께 사형이 선고되길 원했다. 둘에게 사형이 선고되는 듯했 으나 당시 천황의 명으로 형이 무기징역으로 감형된다. 천황의 결정을 도 저히 인정할 수 없었던 후미꼬는 박열과 떨어져 복역하는 형무소에서 스스 로 목숨을 끊는다. 후미꼬가 옥중에서 사망한 후 그녀의 시신은 박열 선생 님의 고향인 문경에 안장되었다. 다행히 재판 과정에서 박열과 혼인신고 를 했기에 박열 선생님의 고향인 문경에 묻힐 수 있었다. 그래서 현재 문경 에 있는 박열 의사 기념관 근처에 후미꼬(박문자)의 무덤이 있다. 박열에게 1923년 관동 대지진은 그의 삶을 송두리째 바꿔버린 사건이다.

## 박열 의사의 삶의 궤적은 어떨까?

'박열'이란 인물은 영화 〈박열〉을 통해 알려졌다. 일제강점기의 독립운 동가였으나 북한으로 납북되었기에 한반도의 이념논쟁으로 인해 뒤늦게 대중에게 알려졌다. 훈장 또한 뒤늦게 수여됐다. 이런 박열 의사 기념관이 문경에 있는데 이곳이 박열 의사의 고향이기 때문이다. 무엇보다 그가 일 본에서 만나 결혼한 후미꼬의 묘소가 있기에 기념관이 세워질 수 있었다. 기념관은 박열과 후미꼬의 일생을 관람을 통해 이해할 수 있도록 구성됐다. 2012년에 개관했는데 기회가 된다면 여행길에 한 번 들려보면 좋겠다. 박열 의사 기념관에서 박열 의사뿐만 아니라 후미꼬에 대한 여러 사실도 알 수 있다.

박열의 부인인 후미꼬를 통해 한국사의 한 단면을 살펴볼 수 있다. 바로 한국에 귀의하여 한국인으로 살다 세상을 떠난 일본인에 대해 생각해볼 수 있다. 역사적으로 일제강점기 이전 조선시대 임진왜란 기에 조선의 편에 선 일본인들이 있다. 특히 조선에 귀화해 성씨를 하사받은 일본인들이 있는데 대표적인 인물은 임진왜란 때 '김충선'이라는 인물로 일본이름 '사야가'라는 장군이 있다. 일제강점기 전 이미 한반도엔 후미꼬와 같은 인물이 나왔다.

박열의사 기념관 ⓒ공식 홈페이지

박열 의사를 다룬 두 개의 뮤지컬 작품을 계기로 우리의 이념논쟁과 편협한 사고로 뒤늦게 알려진 혹은 현재도 알려지지 못한 독립 운동가에 누가 있는지 조선 또는 한국에 우호적인 일본인들에 누가 있는지 알아보는 기회가 되었으면 좋겠다.


"인류의 잘못된 신념과 편협한 사고는 사람과 사회의 성장을 저해한다. 더불어 개인의 잘못된 신념과 편협한 사고는 한 개인의 인생을 힘들고 고달프게 한다. 풍요롭고 여유로운 삶을 살고 싶다면 생각의 유연성과 다른 것에 대한 포용력을 키울 필요가 있다."

## 프리한 학예사의 체크체크

⊘ 두 개의 뮤지컬 작품을 보기 전 영화 <박열>을 보고 가면 더욱 작품에 몰입
  할 수 있다.
⊘ 일본 애니메이션 <스즈메의 문단속> 속 관동대지진을 의미하는 것은 무엇
  인지 찾아보자.
⊘ 관동 대지진때 학살당한 조선인들에 대한 실상을 알아보며 박열이 당시에
  느꼈을 울분을 생각했을 때 작품 속 박열의 심리를 더욱 디테일하게 이해할
  수 있다.

강요된 희생과 역사의 상처를 능가한 여성

# 〈알로하, 나의 엄마들〉

〈알로하 나의 엄마들〉 포스터(2023)

## 혹시 '사진 신부'를 아시나요?

1910년 대한제국이 멸망하면서, 일본의 식민지에서 벗어나기 위한 독립운동은 각계각층과 세계 여러 곳에서 일어난다. 하지만 우리는 독립운동이 전 세계에서 일어났다는 것을 잘 모른다. 더불어 독립운동에서 여성들도 다양한 활약을 했다는 것을 잘 모른다. 이런 상황에서 이 작품은 우리에게 큰 깨달음을 준다. 작품은 1920년대 '사진 신부' 붐이 일면서 미국 하와이로 건너간 한반도 여성들의 당찬 인생을 다룬다. 사진 신부란 단어 뜻 그대로 사진으로만 서로를 확인하고 한 번도 만나지 못한 신랑에게 신부가 가는 것을 말한다. 사진을 통한 원거리 중매다.

작품에서는 한 지역에 사는 세 여인이 방물장수의 주선으로 미국 하와이로 가게 된다. 방물장수가 주도하면서 미국 하와이로 가면 한반도에서보다 풍족한 삶을 살 수 있을 것이라 하면서 사진 신부를 모집한다. 그래서 대부분의 사진 신부들은 미국으로 가면 부자로 풍족하게 잘살 수 있다는 부푼 꿈을 품고 가게 되나 현실은 그렇지 못했다. 방물장수의 말만 믿고 미국 하와이로 가서 사진 신랑과 혼인을 하지만 빠르게 방물장수의 말이 거짓이었다는 것을 깨닫는다. 작품에서 버들이가 실망하는 장면이 이를 표현한다. 자신이 생각했던 삶과 많이 달라 실망하기도 하지만 빠르게 현실을 직시하고 하와이 생활에 적응한다.

작품에서 그려지듯 미국으로 건너간 사진 신부들은 그들이 처한 현실을 당차게 헤쳐나간다. 더불어 자신들이 할 수 있는 선에서 독립운동에 기여할 수 있는 다양한 일을 한다. 작품에도 나오는데 미국 하와이의 '대한애국부인회'가 바로 그것이다. 이 작품은 사진 신부라는 모티브를 활용해 일제강점기 여성들의 독립운동을 그린다. 무엇보다 세계 곳곳에 교포들이 살게 된 기원을 말한다. 그리고 일제강점기에도 조선시대 때의 신분으로 인해 차별을 받는 경우가 있으며 미국으로 건너온 많은 한국인들이 돈을 벌기 위해 했던 일이 세탁소 등과 같은 1차 서비스 사업임을 보여준다. 특히 사진 신부들이 어렵고 힘든 상황 속에서도 삶에 대한 의지와 열망을 꺾지 않고 당차게 삶을 살아가는 모습을 보여준다.

## 세 엄마가 함께 낳고 품은 딸

작품의 제목이 〈알로하, 나의 엄마들〉인 이유는 한반도에서 하와이로 넘어간 사진 신부 세 명의 우정과 세 엄마가 함께 낳고 품은 딸인 '펄(진주)'의 이야기를 담고 있기 때문이다. 버들과 홍주, 송화는 같은 지역에서 사진 신부로 하와이에 오게 된 여성들이다. 버들이는 하와이의 농장에서 일하며 독립운동에 기여하고 있는 서태완에게 시집을 가고 홍주는 짠돌이인 조덕삼에게 시집을 가며 송화는 술주정뱅이에 폭력을 휘두르는 석보에게 시집을 간다. 하지만 버들이 송화의 처지를 알고 술주정뱅이 남편에게서 구해온다. 송화는 태완의 동료인 준혁을 사랑하게 되고 둘은 아이를 갖게 된다. 그런데 송화는 본래 무당집 딸로 할머니의 간절한 바람으로 하와이로 오게 됐지만 무당의 운명을 벗어날 수 없었다. 결국 송화는 자신의 운명을 받아들이고 할머니가 있는 한반도로 다시 돌아가게 된다. 돌아가기 전 준혁과 송화 사이에서 생긴 아이를 낳는데 버들과 홍주가 송화 대신에 이 아이의 엄마가 되어준다.

원래 '펄'이란 이름은 버들과 태완의 사이에서 생긴 아이에게 붙여주고 싶었던 이름이었다. 그러나 버들이 임신 말기에 사고로 유산을 하면서 이름의 주인은 송화가 낳은 딸에게 돌아갔다. 홍주는 아들을 낳았으나 조덕삼이 자신의 대를 잇기 위해 한국으로 데리고 가면서 홍주 홀로 하와이에 남게 됐다. 그러면서 송화의 딸을 버들과 함께 키웠다. 그렇게 펄에게 세 명의 엄마가 생겼다. 작품에서 버들이 엄마고 홍주가 이모로 나오지만 펄에게 버들과 홍주 모두가 엄마다. 작품 제목에 '엄마들'이라는 단어가 붙은 이유다. 그리고 '알로하'는 하와이에서 사용하는 인사말로 이 말 속에 '사랑합니다.'라는 의미도 있기에 작품의 제목이 '알로하, 나의 엄마들'이 된 것이다.

작품에서 그려지는 버들과 홍주, 송화의 우정과 이들 사이의 유일한 아이인 펄의 모습을 보면 지금은 보기 힘든 광경이지만 마을에서 아이들을 공동으로 키우는 공동육아의 문화가 보인다. 더불어 지금과 다른 사람 간의, 친구 간의, 마을 사람들 간의 따뜻한 정을 느낄 수 있다.

## 한반도 여성의 해외진출의 시작과 문화유산

작품의 모티브가 된 실존 인물이 있는데 그녀는 바로 '천연희'다. 2023년 국립 대한민국 임시정부기념관에서 했던 한 특별기획전시에 그녀의 여권이 출품됐다. 외국으로 건너가기 위해서는 여권이 필요했기에 당시에 발급된 여권이 전시에 있었다. 이 여권을 보는 순간 뮤지컬 〈알로하, 나의 엄마들〉이 떠올랐다. 사진신부의 흔적이 문화유산으로 남아 있는 것이다. 여러모로 신기하기도 했지만 여권을 보면서 한국의 역사인식과 교육이 반쪽짜리라는 생각이 들었다.

현재 교육과정 속에 포함된 한국사의 내용을 보면 너무 한국사적인 관점

관람일 캐스팅보드 ©필자

에서만 서술하고 있다. 세계사적인 관점으로 한국사를 바라보지 못하고 있다. 또한 인천에 있는 한국 이민사박물관이 떠올랐는데 박물관에서 다루는 전시의 내용이 한국에서 외국으로 넘어간 것만 다루고 있다고 한다. 이 반대인 한국으로 외국인이 입국한 이민사적인 내용은 다루고 있지 않다. 이를 통해 이미 세계는 서로 영향을 주고받으며 그 거리도 다양한 교통수단의 발달로 많이 가까워졌는데 세상을 바라보는 한국인들의 시야는 아직도 우물 안 개구리 시절을 벗어나지 못하고 있음을 알 수 있다.

그리고 국립 임시정부 기념관의 또 다른 특별 기획전시에선 작품 속에서 그려지는 애국부인회의 실제 활동을 알 수 있는 역사적 자료들을 볼 수 있었다. 이 전시를 보면서 아직 발견되지 않은 여성들의 독립운동 활동에 대한 자료가 더 있을 수 있다는 생각이 들었다. 또한 독립운동은 전 세계에서 일어났다는 사실도 알 수 있었다. 무엇보다 한국사를 세계사적인 관점으로 바라보며 세계사와 함께 역사를 익힐 필요가 있다는 생각이 들었다.

"타인의 자녀도 내 자녀와 같이 여기던 시절이 더욱 그리워지는 요즘입니다. 아이들의 웃음소리를 더욱 많이 듣고 싶다면 우리 스스로도 바뀌어야 할 점이 있지 않은지 생각해볼 필요가 있지 않을까요?"

### 프리한 학예사의 체크체크

- ⊘ 사진과 카메라가 한반도에서 일반화된 시점을 알면 작품의 시대적 배경을 추정하는 데에 도움이 된다.
- ⊘ 일제강점기 독립운동이 전 세계적으로 일어났으며 이 때 한반도 사람들의 많은 이동이 이뤄졌고 시간이 흐르면서 전 세계에 한국인 교포들이 살게 된 기원임을 알고 관람하자.
- ⊘ 남성들뿐만 아니라 여성들도 한반도의 독립을 위해 각자가 처한 상황에서 여러 노력을 했음을 생각하며 작품을 감상한다.

예술로 승화하는 고통과 독립을 향한 열의

# 〈일테노레〉

〈일테노레〉 포스터(2024)

## 청년들의 또 다른 독립운동

이 작품은 한국 최초의 테너인 '이인선'을 모티브로 하여 제작한 작품으로 일제강점기 청년이자 학생들의 독립운동을 다루고 있다. 무엇보다 '연극'이라는 하나의 예술 장르를 활용해서 독립에 대한 의식을 고취하는 모습을 보여준다. 당시 조선인들의 의식을 예술을 통해 깨워 한반도의 독립이 이뤄질 수 있도록 유도한다. 청년들이 자신들의 입장에서 할 수 있는 독립운동을 하는데 예술이 가진 힘을 이용한다.

지금도 그렇지만 대중매체를 통해 자신의 메시지를 전달하는 것이 가장 효과가 크다. 우리나라의 판소리가 그러했듯이 이야기 속에 전달하고자 하는 메시지를 담아내는 것이 효과가 가장 크다. 그래서 작품 속에 나온 학생들이 대중의 독립에 대한 의식을 고취시키기 위한 방법으로 연극, 그러니까 공연예술을 선택한다.

예술의 역사는 인류의 역사와 같다. 인류는 지구상에 출현했을 때부터 예술 활동을 했다. 그래서 인류의 유전자 속에 예술을 향

관람일 캐스팅보드 ©필자

유하는 유전자가 담겨 있다. 그래서 사람들에게 예술의 향유는 자연스러운 것이고 인류의 삶을 더욱 풍요롭고 의미 있게 만들어준다. 더불어 예술 속에는 사람을 변화시킬 수 있는 힘이 있다. 그리하여 작품 속 청년들이 대중들의 의식 고취를 위해 사용하는 방법이 '연극'이다.

작품의 배경은 1930년대 경성으로 현재와 비교했을 때 대학교 학생들이 연합동아리 활동을 통해 대중들의 독립의식을 고취하는 모습을 그린다. 혼성 연합동아리로 동아리 회원들 대부분이 사연이 있다. 서로가 각자의 사연으로 인해 각자의 방법으로 독립운동을 하려는 꿈을 가지고 있는 모습이 그려진다.

## 예술이 가진 힘과 여성 독립운동가의 활동

작품은 한국 최초의 테너의 탄생기와 더불어 여성 독립 운동가를 조명한다. 먼저 세상을 떠난 형 대신에 의대에 다니고 있던 윤이선, 그리고 어렸을 때 부모님을 여읜 이화여학교의 학생 서진연, 부모님이 친일파여서 독립운동에 열을 올리는 이수한, 이 세 명의 청년 시절을 조명하며 윤이선의 일생을 다루고 있다.

윤이선이 테너, 그러니까 일테노레가 되기로 마음을 먹게 된 계기는 형이 속해 있던 혼성 연합동아리에 참여하면서부터다. 대중들의 독립의식을 고취시키는 연극을 꾸준히 올리는 동아리의 일원으로 동아리 활동을 위해 필요한 인쇄 활자를 부원 서진연에게 갖다 주기로 한 날이 꿈을 갖는 계기가 된다. 윤이선이 서진연과 만나기로 한 약속장소인 이화여학교에서 얼쩡거리다가 여학교의 음악 수업을 보게 되고 이 때 자신에게 일테노레로서 재능이 있음을 알게 된다. 그리고 이런 윤이선의 재능은 일제가 조선인들의 독립운동을 막기 위한 규제와 발악에 맞서 독립의식을 고취시키는 작품을 세상에 내놓을 수 있는 방법이 된다. 작품은 윤이선의 재능에서부터 시작한 오페라 공연을 무대에 올리는 것이 최고의 독립운동이 되는 이야기를 담고 있다.

그리고 서진연으로 대표되는 여성 독립운동가에 대해 생각해볼 수 있는 기회를 제공한다. 더불어 한국에서 공연예술의 시작에 대해 궁금증을 가지게 하고 한 편의 공연이 무대에 오르기까지 얼마나 많은 사람들의 노력과 협업이 수반돼야 하는지 깨닫게 하는 작품이다. 한국인들은 겉으로 보이는 것만을 중요시 여기고 보이지 않는 부분들에 대해서는 전혀 생각하지 못한다. 그래서 우물에서 숭늉 찾는 과오를 범하는 경우를 자주 본다. 또한 세상의 모든 일은 보이는 것보다 보이지 않는 일이 더 많다는 것을 알지 못한다. 무엇보다 결과만 보고 사람이나 어떤 행동과 물건을 평가하는 과오를 쉽게 범한다. 이 작품을 한 번이라도 보게 된다면 생각보다 보이지 않는 곳에서 묵묵히 자신에게 주어진 일을 하여 많은 사람들이 편한 일상을 살아갈 수 있도록 돕는 사람들이 많다는 것을 알게 된다.

작품에서 그려지는 여성의 독립운동은 바로 서진연의 폭탄을 활용한 일본의 요인 암살이다. 작품 후반부인 오페라의 첫 공연 날 본래는 수한이하기로 했으나 이선이 폭탄을 발견하게 되면서 결과적으로 진연이 실행하게 된다. 이는 진연이 이선이를 사랑하고 수한이를 애틋하게 생각했기에 나타난 결과다. 그렇게 오페라 첫 공연날 거사가 실행되고 진연은 일제에 잡혀 모진 고문을 당하는 것으로 비춰지고 진연은 옥중에서 세상을 떠난다.

작품의 마지막, 오랜 시간이 흐른 후 이선은 테너로 성공해 미국에서 살고 있다. 그리고 수한이 이선을 위해 한국에 지은 공연장 개관 연설에 참여한다. 이 때 먼저 세상을 떠난 진연을 생각하고 어디선가 나타난 진연의 혼과 젊은 시절의 수한과 오페라를 함께 했던 사람들을 만나게 되는 장면으로 마무리된다. 마지막까지 작품 전체를 관통하는 키워드에 예술이 있다.

## 경성의 전차 노선과 이선과 진연, 수한의 흔적

일제강점기 전차 ⓒ필자

작품에서 그려지는 장소가 어디인지 찾아보니 일제강점기 당시 경성의 전차 노선에 있는 장소라는 것을 알게 되었다. 무엇보다 이선과 수한, 진연의 학교가 있는 곳은 신촌으로 지금도 연세대학교가 있고 이화여자대학과 가까워 젊은이들이 많이 찾는 장소다. 작품 속에서도 연희전문학교와 이화여학교가 서로 교류를 활발히 했음을 알 수 있는 장면이 그려진다. 그리고 오페라를 올리는 공연장인 YMCA도 일제강점기 전차가 지나다니던 장소로 종로에 위치한다.

작품에서 그려지는 장소는 대체로 일제강점기 전차가 다니던 경성의 주요 역들이다. 최근 광화문 앞을 발굴 조사하다가 일제강점기에 만들어진 전차선로가 발견됐다. 이를 통해 일제강점기 전차노선을 유추할 수 있었다. 전차는 현재의 전철이라고 할 수 있는데 일제강점기 경성을 누비는 현재 서울의 지하철과 같은 역할을 했다.

작품을 통해 도시의 변화상도 생각해볼 수 있다. 기회가 된다면 일제강점기의 서울과 현재의 서울 모습의 비교를 통해 공간의 변화와 사람의 변화에 대해 한번쯤 생각해봤으면 좋겠다. 서울의 역사이야기를 담고 있는 박물관이 있는데 바로 서울 역사박물관이다. 서울 역사박물관은 서울의 역사를 연구하며 관련 자료를 수집하고 이를 전시와 교육프로그램을 통해 대중에게 널리 알리고 있다. 무엇보다 다양한 기획 및 특별전시를 많이 하는데 꾸준히 전시를 관람하면서 서울의 역사는 물론 도시사에 대한 관심과 흥미를 가질 수 있다.

그리고 작품에서 대중들의 독립에 대한 의식을 고취시키는 인물들은 모두 학생들이자 청년들이다. 일제강점기 조선인들이 받았던 교육과 일본인에 비해 차별대우를 받았던 조선인들에 대한 교육제도에 대해서도 생각해볼 수 있다. 무엇보다 19세기 말부터 한국에 세워진 근대 교육기관으로 현재도 존재하고 있는 학교, 그 중 대학교에 대해 알아볼 수 있는 기회를 제공한다. 현재 시점에서 작품에 등장하는 학교는 한국의 아이비리그라고 해도 과언이 아니다. 개교한 지 100년이 넘었기 때문이다. 현재의 모습은 1930년대의 학교 모습과 비교하면 많이 달라졌겠지만 작품 속에 등장하는 학교에서 조금이나마 일제강점기의 흔적을 찾아볼 수 있을 것이라 생각한다.

**"절망 속에서도 살아갈 용기와 힘을 가져다주는 것은 예술이다. 제2차 세계대전 독일 나치수용소에 갇혀있던 유대인인 프랭클린은 절망의 순간에서**

도 예술을 향유하며 하루하루를 버텼다. 절망의 늪에 빠졌다고 생각했을 때 '예술'이라는 동아줄을 붙잡고 그 늪을 빠져나오는 것은 어떨까?"

## 프리한 학예사의 체크체크

- ⊘ 한국의 근대 교육기관으로 지금까지 남아 있는 교육기관에 어떤 것이 있는 지 알아보는 과정에서 한국 교육사의 일면을 엿볼 수 있다.
- ⊘ 일제강점기에는 독립 운동가들이 다양한 방법으로 독립의 의지를 만방에 알렸다. 일제강점기 한반도의 독립을 위해 일어난 독립 운동들의 유형을 알아본다면 작품을 더욱 깊이 있게 느낄 수 있다.
- ⊘ 작품을 보면서 현재 공연예술 한 작품이 무대에 오르기까지 얼마나 많은 사람들의 노력과 수고가 필요한지 한번쯤은 생각해보자. 그러면 공연예술을 향유하는 마음가짐이 달라질 것이다.
- ⊘ 일제강점기 서울(당시 경성)을 누비던 전차가 전시된 서울역사박물관을 찾아 작품에서 그려지는 장면들을 상상해보는 재미를 만끽해보자.
- ⊘ 작품 속에서 일제가 한국의 문화를 깔보고 비하는 장면이 있다. 이 장면이 어떤 장면인지 생각해보고 그들이 그렇게 했던 이유에 대해 생각해보면 더욱 깊이 작품을 즐길 수 있다.

# 2막

# 무대에 그려진
# 잔혹동화,
# 서양의 역사

4장

예술가의 삶과 죽음,
그리고 세상

❦

### 후회 없는 인생을 위해 예술로 투쟁하다

# 〈모차르트〉

〈모차르트〉 포스터(2023)    〈모차르트 오페라 락〉 내한공연 포스터(2016)

## 모차르트의 천재성과 자유로운 영혼

모차르트를 조명하는 뮤지컬 작품은 두 가지다. 프랑스의 창작진이 만든 〈모차르트 오페라 락〉이라는 작품이 있고 오스트리아의 창작진이 만든 〈모차르트〉가 있다. 두 작품은 모차르트의 일생을 조금 다른 관점으로 조명하고 있다. 하지만 모차르트의 자유로운 영혼은 두 작품 모두에서 드러난다.

모차르트 초상 ⓒ위키디피아

〈모차르트 오페라 락〉에서는 모차르트가 음악 여행을 하면서 자신이 하고 싶은 대로 하는 모습에서 나타나고 〈모차르트〉에서는 작품 속에 등장하는 남작부인이 부르는 넘버인 '황금별'의 가사 속에서 드러난다. 실제로 모차르트는 아버지 레오폴드 모차르트가 천재성을 발견한 덕분에 어린 시절부터 연주 여행을 떠난다. 그리고 이러한 연주 여행은 오래도록 이어졌고 이로서 모차르트는 사회성을 기를 틈이 없었다. 그래서 그는 성인이 되어 사회성이 떨어지게 된다. 음악에 있어서는 천재였으나 그의 성품과 생활에 어린아이와 같은 면이 종종 드러나는 이유다. 이는 어쩌면 천재성이 모차르트에 가져다준 어둠이지 않을까?

## 짧고 굵게 삶을 산 모차르트

두 작품에서 모차르트의 죽음을 묘사하는 관점과 방식은 서로 다르다. 〈모차르트 오페라 락〉에서는 궁정악장의 일자리를 잃고 경제적으로 힘든 생활을 하다가 병에 걸려 죽는 것으로 표현된다. 그런데 모차르트가 투병생활을 하고 있을 때 정체를 숨긴 한 사람이 와서 작곡의뢰를 한다. 모차르트는 생활비를 벌기 위해 그 의뢰를 받아들인다. 하지만 그는 의뢰받은 작품을 완성하지 못하고 세상을 떠나게 된다. 마지막 장면에서 모차르트의 부고소식을 듣고 온 살리에리가 보는 와중에 모차르트의 영혼이 하늘로 올라가며 인생은 후회 없이 살아야 한다고 말하는 장면이 그려진다.

반면에 〈모차르트〉에서는 모차르트의 재능이자 삶의 그림자와 같은 '아마데'라는 허구의 자아에 의해 세상을 떠난다. 〈모차르트〉에 등장하는 '아마데'라는 존재는 모차르트의 음악적인 천재성임과 동시에 모차르트의 어린 자아이고 나아가 목숨과 같은 존재다.

실제로 모차르트는 35세의 나이에 세상을 떠난다. 모차르트가 살던 시기의 평균 수명으로 보면 이른 나이가 아닐 수도 있지만 보통 사람보다 이른 나이에 세상을 떠난다. 세상을 짧고 굵게 살다

〈모차르트〉 관람일 캐스팅보드(2020) ⓒ필자

갔다. 음악에 대한 천재성으로 어린 나이부터 많은 곡을 작곡했기에 모차르트는 비록 이른 나이에 세상을 떠났지만 아직도 그의 많은 곡들이 사람들에게 사랑받고 있다.

## 모차르트에 대한 이모저모

두 작품엔 드러나지 않지만 유럽 전역으로 연주 여행을 다녔던 모차르트에 대한 다양한 이야기가 전해진다. 그중에서 역사적으로 모차르트만큼 널

리 알려진 인물을 모차르트가 연주 여행 중에 만났음이 전해져 내려온다. 모차르트가 만난 인물은 바로 프랑스 혁명으로 단두대로 생을 마감한 프랑스의 왕비 '마리 앙투아네트'다. 마리 앙투아네트는 모차르트보다 약 2달 누나로 나이로는 1살 차이가 나지만 출생일로 계산하면 마리 앙투아네트가 2달 먼저 세상에 나왔다. 둘은 나이대가 비슷한 또래였는데 마리가 어렸을 때 모차르트가 오스트리아의 궁정에서 연주할 때 만났다. 이때, 어린 모차르트는 마리를 보고 반해 훗날 결혼을 약속했다는 이야기가 있다.

그리고 〈모차르트〉에서 그려지긴 하는데 모차르트의 아내였던 콘스탄체가 모차르트가 세상을 떠난 후 돈을 벌기 위해 그가 작곡한 곡의 악보를 다수 팔았다고 전해진다. 모차르트의 생이 길다면 길고 짧다면 짧기에 그와 관련한 여러 이야기들이 지금까지 전해지고 있다. 또한, 모차르트를 기준으로 클래식 음악의 사조가 변하고 바뀌기 시작한다.

"사람마다 가지고 태어나는 능력과 태어났을 때 주어지는 것은 각자가 다르다. 하지만 사람의 삶은 가지고 태어난 것과 주어진 것을 어떻게 활용하느냐에 따라 달라진다. 가지고 태어난 능력과 주어진 상황에서 가능한 후회 없는 삶을 살기 위해 노력할 필요가 있지 않을까?"

## 프리한 학예사의 체크체크

- ☑ 모차르트와 살리에리에 대한 잘못된 인식을 심어준 유명한 영화 <아마데우스>를 작품 관람 전에 보고 간다면 더욱 흥미롭게 작품을 감상할 수 있다.
- ☑ 18세기 음악가의 사회적 위치에 대한 상식을 알고 간다면 작품 속에서, 그리고 실제로 모차르트라는 인물의 삶을 더욱 깊이 있게 느낄 수 있다.
- ☑ 작품 속에서 찾을 수 있는 18세기말 유럽의 모습에 무엇이 있는지 생각해보자.

질투심으로 잘못 맞춰진 인물의 퍼즐

# 〈살리에르〉

〈살리에르〉 포스터(2024)

## 살리에르는 정말로 모차르트를 질투했을까?

　평소 우리가 접하는 대중매체가 보여주는 정보를 너무 무비판적으로 받아들이고 있는 것이 아닌지 생각해볼 필요가 있다. 대중매체의 영향으로 우리가 잘못알고 있는 사실들이 생각보다 많기 때문이다. 여기서 살펴 볼 살리에르도 그런 인물이다. 모차르트와 함께 많은 사람들에게 잘못된 사실이 알려졌다. 지금은 살리에르와 모차르트가 앙숙이 아니라는 사실이 많이 알려지긴 했지만 아직도 잘못된 인식을 가진 사람들도 많다. 이렇게 오류에 대한 수정이 쉽게 일어나지 않는 것은 사람마다 조금씩 다르긴 하겠지만 자신이 알고 있는 것이 잘못될 수 있다는 사실을 쉽게 인정하지 못하기 때문이다. 요즘은 정보의 오류를 빠르게 수정하는 것이 살아남는 방법이기에 바로 바로 새로운 사실을 머릿속에 입력해야 한다. 오랫동안 뿌리 깊게 박혀 있던 인식이 변하기 어려운 것은 사실이지만 세상을 살아가기 위해선 꼭 필요한 덕목이다.

위와 같은 이유로 살리에르에 대한 인식도 쉽게 바뀌지 않고 있다. 본 작품은 살리에르와 모차르트에 대한 오래된 인식을 모티브로 만들었다. 그래서 극중 등장인물 중에 '젤라스'가 있다. 젤라스는 질투심을 의인화한 인물로 살리에르가 모차르트를 질투하게 만드는 존재다. 사람에게 있어 질투심은 때론 스스로를 성장시키는 밑거름이 되기도 하지만 이 감정을 잘못 사용하면 사람으로서 해서는 안 되는 행동을 하게 된다. 예전에 방영했던 〈한끗차이〉라는 프로그램에서도 나왔는데 질투심이 잘못 발휘되어 범죄를 저지르게 되는 사람의 이야기가 나온다. 작품에서 살리에르를 타락시키는 인물이 바로 젤라스인 이유가 여기에 있다.

젤라스를 통해 살리에르가 모차르트를 질투하게 만들고 젤라스가 모차르트를 타락시켜 망가지게 만든다. 그래서 실제로 모차르트의 죽음과 살리에르는 관계가 없으나 젤라스가 살리에르가 모차르트를 질투하여 그를 죽음에 이르게 한 것으로 꾸민다. 작품은 젤라스의 이러한 행동을 통해 역으로 살리에르의 결백함을 말하고 싶은 것이 아닐까 한다.

## 한 사람을 죽음에 이르게 하는 말 한마디

영화 〈아마데우스〉를 통해 많은 사람들에게 알려진 잘못된 사실이 오랫동안 발목을 잡았던 살리에르! 실제 그의 삶을 들여다보면 모차르트보다 오래 살고 모차르트를 완전 질투하지 않은 것은 아니지만 우리가 알고 있는 것처럼 모차르트와 앙숙관계는 아니었다. 무엇보다 모차르트가 세상을 떠난 후 그의 부인인 콘스탄체를 도와준다.

살리에르 초상 ⓒ위키디피아

작품에서 살리에르는 사람들의 비난 때문에 스스로 생을 마감한다. 이러한 살리에르의 모습 속에 요즘 연예인들의 모습이 오버랩된다. 우리는 연예인도 사람이라는 것을 쉽게 잊고 산다. 사람이기에 실수를 하고 잘못을 한다. 하지만 과거에도 그랬지만 요즘 더더욱 연예인들의 작은 실수 혹은 잘못이 부풀려지는 경향이 강하다. 그래서 한번 사건이 일어나면 연예인들은 거의 재기불능의 수준에 이르는 것이 일상이다. 요즘 연예인들은 보통 사람들보다 까다롭고 촘촘한 도덕적 잣대로 평가된다. 이러한 세태를 본 작품이 잘 반영하고 있다. 요즘 사람들이 연예인에 까다롭고 촘촘한 도덕적 잣대를 들이대는 것에는 질투심이 공존하고 있다. 연예인들은 보통사람보다 한 번에 큰돈을 번다. 그리고 대체적으로 보통 사람들보다 쉽게 부자가 되고 풍족한 생활을 한다. 이런 연예인들에 대한 질투심으로 연예인들이 스캔들에 휘말리면 그들은 대중들에게 몰매를 맞는다.

작품 속 살리에르도 비슷한 상황이 아닌가 한다. 살리에르가 궁정악장으로 다른 음악가들보다 잘나가는 것은 사실이지만 그렇더라도 귀족보다 잘사는 것은 아니었다. 그러나 보통 사람의 눈에는 본인들보다 잘사는 사람으로 보였을 것이다. 사람들은 살리에르의 이미지에 흠집이 나자 그에 대한 질투심으로 벌떼같이 달려들어 그를 욕하고 비난했다. 그래서 살리에르는 스스로 목숨을 끊을 수밖에 없었다. 젤라스가 이렇게 되도록 만든 것이긴 하지만 보통사람 눈에는 젤라스가 보이지 않는다. 젤라스가 자신이 가진 힘을 이용해서 사람들이 살리에르를 욕하고 비난하도록 만든 것이다. 무엇보다 음악가도 사람이고 자신들도 인생을 살면서 실수와 잘못을 할 수 있는데, 사람들은 이를 전혀 생각하지 않는다. 단지 살리에르가 행한, 사실은 젤라스가 그랬지만, 행동에 대해 무조건적으로 욕하고 비판한다.

작품은 오랫동안 대중들이 가지고 있던 잘못된 인식을 모티브로 하여 만들었으나 실질적으로 살리에르에게 면죄부를 주기 위해 만들어진 작품이다. '젤라스'라는 의인화된 감정을 상징하는 인물을 내세워 모든 사람에게 질투심은 없을 수 없으며 질투심을 악용했을 때 오히려 부정적인 결과가 생긴다는 것을 보여준다. 더불어 진실을 알기 전까지 함부로 타인을 비난하고 욕해서는 안 된다고 말한다. 사건에 대한 분석과 비판을 제대로 해보지도 않고 무조건적으로 타인을 비난하고 욕하는 것은 타인의 생명을 앗아가는 살인행위와 맞먹음을 보여준다. 요즘 사람들이 이런 사실을 좀 알았으면 좋겠다. 사람은 인생을 살면서 실수도 하고 잘못도 하면서 사는 것이 당연한데 연예인이라는 이유로 사람으로서 당연한 것을 하면 안 되는 것으로 규정짓는 것은 너무 심한 처사다. 그러한 것은 질투심이 발휘된 잘못된 강요다.

"타인을 비난하고 원망하기 전에 나 자신을 먼저 돌아보자. 어느 책에서 말하듯이 모든 문제를 해결하는 열쇠는 내게 있다. 더불어 잘못된 질투심으로 자신과 타인의 생명을 갉아먹지 않기를 바란다."

## 프리한 학예사의 체크체크

- ⊘ 살리에르와 모차르트의 실제 관계를 알아본다면 작품을 더욱 흥미진진하게 감상할 수 있다.
- ⊘ 작품 속의 젤라스와 『파우스트』의 메피스토 캐릭터를 비교해보면 재미있을 것이다.
- ⊘ 18세기 말에서 19세기 초를 살았던 음악가들에 누가 있는지 찾아보면 당시 유럽의 클래식 사조와 그 분위기가 어떤지 알 수 있다.

삶은 자신의 속도에 맞추면 그뿐

## 〈라흐마니노프〉

〈라흐마니노프〉 포스터(2023)

## 사람은 누구나 사랑과 관심을 갈구한다.

뮤지컬 〈라흐마니노프〉는 필자에게 뜻 깊은 작품이다. 작품 관람을 통해 오랫동안 쌓였던 마음의 상처를 일부 치유할 수 있었기 때문이다. 무엇보다 작품이 필자의 상처받은 마음을 어루만져주는 느낌을 받았다.

작품의 라흐마니노프는 음악가로 성공하고 싶은 마음이 간절하다. 그리고 어린 시절 자신에게 소중했던 사람들이 자신의 곁을 떠나는 상실을 경험했을 때 그 부족함을 채워준 것이 음악이었다. 그렇게 라흐마니노프는 꾸준히 음악을 하며 음대에 진학한다. 하지만 라흐마니노프의 지도교수는 차가운 사람이었다. 라흐마니노프를 무시하고 그를 극한까지 몰아붙였다. 이에 라흐마니노프는 대학생활을 하면서 마음의 상처를 많이 받았다. 그리고 점점 마음의 문을 닫게 된다.

음악가로서 큰 성공을 거머쥔 후 성공했을 때보다 더 나은 작품이 나오지 않자 조급해진 라흐마니노프는 더욱 마음의 문을 닫게 된다. 이때, 라흐마니노프가 걱정된 그의 형이 심리치료사인 '달' 박사에게 자신의 동생을 치료해달라는 편지를 보낸다. 달 박사는 라흐마니노프를 치료하기 위해 그의 앞집으로 이사 온다. 그렇게 달 박사의 라흐마니노프 심리 치료가 시작되는데 처음부터 삐그덕거리고 쉽지 않다. 하지만 '음악'이라는 매체를 통해 조금씩 다가가며 라흐마니노프의 지금까지의 인생 이야기를 듣는다. 이과정에서 라흐마니노프뿐만 아니라 달 박사 또한 그 안에 있었던 마음의 상처를 치유한다. 달 박사도 마음의 상처가 있는 사람이었다.

작품에서 라흐마니노프도 그렇고 달 박사도 그렇고 따뜻하고 사랑이 넘치는 인간관계를 상실하면서 마음의 상처가 쌓였다. 이것이 마음속에 굳은살처럼 단단해져 세상을 향한 마음의 문을 닫은 것으로 그려진다. 더불어 세상을 향한 마음의 문을 닫으면서 두 사람 모두 무언가에 몰두하는 모습이 그려진다. 달 박사가 라흐마니노프의 심리치료를 위해 서로 만나면서 처음엔 힘들었지만 점점 음악을 통해 서로가 서로의 상처를 어루만져주게

**관람일 캐스팅보드 ⓒ필자**

된다. 결과적으로 얼어붙었던 마음을 음악 속에 담긴 따뜻한 사랑의 힘으로 마음의 상처를 치유하게 된다.

이를 통해 사람에게 가장 필요하고 세상을 살아가면서 큰 힘이 되는 것은 어린 시절 받았던 누군가로부터의 따뜻한 사랑이라는 것을 알 수 있다. 더불어 누군가에게 관심을 받고 싶은 심리가 강한 사람은 그 사람 안에 채워진 사랑의 농도가 낮음을 알 수 있다. 세상의 모든 사람은 따뜻한 사랑을 갈구하고 욕망한다는 것을 알 수 있다.

## 음악이 치유하는 마음의 상처

작품을 보면 모든 사람은 인생을 살면서 상처가 없을 수는 없다는 것을 알게 된다. 그와 함께 어린 시절 만들어진 상처는 제때 치유하지 않으면 성인이 됐을 때 사회생활에 지장을 주고 어떤 형태로든 영향을 끼침을 알 수 있다. 혹시 현재 내 삶이 잘 풀리지 않거나 삶이 힘들다고 느껴질 때 스스로를 돌아보고 혹시라도 심리적으로 힘든 부분은 없는지 체크해 보는 것도 좋은 방법이다. 지금보다 나은 삶으로 갈 수 있는 길이 보일 것이다. 더불어 사람의 몸과 마음은 서로 별개일 것 같지만 사실 그렇지 않다. 마음의 병이 몸의 상태로 나타나고 신체의 병이 마음에 영향을 끼친다. 우리가 감기나 몸살에 걸렸을 때 아무것도 하기 싫은 마음이 드는 것이 한 사례다.

이 작품은 음악이 마음의 상처를 치유해주기도 하지만 상대방의 자신에 대한 진실한 공감과 위로가 마음의 상처를 치료한다고 말한다. 무엇보다 어린 시절에 있었던 따뜻한 기억은 성인이 되어서도 그 힘을 발휘하며 성인이 되어 힘든 시간을 보낼 때 그 시간을 이겨낼 수 있는 힘으로 작용한다. 그래서 어린 시절의 기억이 따뜻한 사람이 성인이 되어서도 자신감 있고 힘차게 잘 살아간다. 물론 세상에 상처 하나 없는 사람은 없지만 설령 상처가 있어도 어린 시절의 기억이 좋으면 그 상처는 금방 아물 수 있다.

사람에게 음악은 마음의 상처를 낫게 할 수 있는 하나의 약이다. 인류에게 음악이 없었다면 많은 사람들이 절망의 늪에서 빠져나오지 못했다. 작품에서 그려지는 라흐마니노프도 음악으로써 고통스럽고 괴롭지만 음악으로써 상처를 치유하고 더 나은 삶을 살 수 있는 힘과 용기를 얻는다. 작품을 통해 우리는 음악이 가진 힘을 보고 느낄 수 있다. 라흐마니노프와 달 박사 모두 음악을 통해 서로를 이해하고 서로에게 마음을 터놓게 된다. 무엇보다 꾹꾹 눌려 있던 마음의 상처가 음악을 통해 치유된다. 여기서 인류가 절망 속에서도 예술을 잊지 않고 예술을 향유하는 이유를 알 수 있다. 제2차 세계대전과 같은 전쟁 속에서 음악을 통해 그리고 다른 예술을 통해 우

라흐마니노프 사진 ©위키디피아

리는 잠시나마 어렵고 슬픈 현실을 잊는다. 특히 절망으로 휩싸인 일상 속에서 조그마한 삶의 희망을 찾을 수 있는 힘을 가져다주는 것도 예술이다. 인류가 예술과 함께 성장하고 발전해온 이유가 여기에 있다. 인류역사에서 예술을 빼놓고 말할 수 없다. 잘 생각해보면 인류의 역사와 문화 속에 약방의 감초와 같이 예술이 항상 함께하고 있다.

**"행복은 비교에서 오는 것이 아니라 가꿈과 돌봄에서 온다. 자신을 가꾸고 내 마음을 돌보는 것에서 행복은 시작한다."**

## 프리한 학예사의 체크체크

- ☑ 작품에 비춰지는 라흐마니노프의 삶과 실제 라흐마니노프가 작곡한 음악이 주는 느낌을 비교해보면 실제 라흐마니노프의 음악이 보이지 않을까?
- ☑ 라흐마니노프와 함께 동시대에 활동한 러시아의 예술가들에 누가 있는지 찾아보면서 러시아 예술에 대해 생각해보자.
- ☑ 인류가 문화예술과 멀어지면서 전보다 더욱 힘들고 삭막한 삶을 살게 된 것은 아닌지 생각해본다.

## 좌절에서 다시 일으키는 사람의 힘

# 〈포미니츠〉

〈포미니츠〉 포스터(2022)

## 삶의 좌절이 불러온 예술가의 추락

　뮤지컬 〈포미니츠〉에는 다양한 메시지가 있는데 그 중 촉망받던 예술가를 한순간에 죄인으로 만든 것은 삶의 좌절감이라는 메시지를 볼 수 있다. 더불어 사람이 삶에 좌절감을 느끼게 되면 한 순간에 전과는 천지 차이로 변하게 될 가능성이 높다는 것을 말한다. 그리고 성장할 때의 가정

배경과 환경이 성인이 되어 사회생활을 하는 데에도 큰 영향을 준다는 것을 말한다.

작품은 촉망받던 피아니스트가 살인을 저지르고 감옥에 가면서부터 이야기가 시작한다. 살짝 영화 〈쇼생크 탈출〉과 비슷한 느낌을 받는다. 이 피아니스트의 이름은 제니다. 제니는 양부모의 양육 태도로 인해 10대 때 가출하고 이른 나이에 결혼한다. 동거를 한 것인지도 모르겠다. 아무튼 후에 아이를 낳는데 그 아이가 일찍 세상을 떠난다. 그리고 제니는 남편의 죄를 뒤집어쓰고 감옥으로 가게 된다. 그녀는 아이가 세상을 떠난 후 삶에 대한 의지를 많이 상실한다. 제니는 삶에서 좌절감을 맛보면서 자신의 삶을 거의 포기한다. 이와 함께 그녀의 재능으로 올라선 위치에서 추락한다.

이를 통해 사람이 삶에 대한 의지와 열망을 잃게 되면 그 사람은 산송장과 같다는 것을 알 수 있다. 살아있어도 사는 것 같지 않은 삶을 살게 한다. 그래서 사람이 자신의 인생을 멋지게 살아가려면 단단한 멘탈이 필요하다. 멘탈이 강하면 삶의 좌절감을 맛보더라도 회복탄력성을 통해 시련을 극복하고 다시 일어서 자신의 삶을 꿋꿋이 살아갈 수 있기 때문이다.

작품이 말하고자 하는 것은 시대의 아픔이 그 시대를 살아가는 사람들에게 끼치는 영향에 대해 말한다. 작품 속에서 거의 평행이론과 같은 삶을 사는 제니와 크뤼거의 삶 자체에 초점을 맞출 때 그 속에서 얻을 수 있는 교훈이 있다. 개인의 삶이 좌절과 밑바닥으로 추락하더라도 누군가는 절망의 늪에 빠진 사람이 늪 밖으로 나올 수 있는 도움의 손길을 내민다는 것이다. 그리고 손길을 받는 사람은 손길을 내밀어주는 사람에게 고마워하며 현재 상황이 아무리 시궁창 같더라도 이 손길이 내 인생의 마지막 구원의 손길이라 생각하고 그 손을 잡는 것이 필요하다는 것을 말하고 있다.

우리는 의외로 기회가 기회인 줄 모르고 지나쳐버리는 경우가 많다. 여러 책에서 기회가 왔을 때 놓치지 않으려면 기회가 오기 전에 준비를 하고 있어야 한다고 말한다. 하지만 기회를 잡으려면 준비도 돼야겠지만 그보다 기회가 기회임을 알아보는 눈썰미가 필요하다. 무엇보다 기회 앞에서 완벽주의를 요구하는 것은 사치다. 작품 속에서 제니가 처음에 크뤼거의 손길을 거절하는 것은 제니가 삶에 대한 의지와 의욕을 상실한 것도 있지만 자신의 상황이 크뤼거의 손길을 받을 수 있는 상황이 아니라는 생각에 거절한 부분도 있다. 제니는 자신의 인생이 밑바닥까지 떨어졌고 그런 상황에서 피아노를 치는 것은 사치라고 생각한 것이다.

하지만 크뤼거가 본인의 인생사를 제니에게 이야기를 해주자 제니는 서서히 크뤼거의 손길을 받아들인다. 그리고 자신의 상황에서 할 수 있는 최선의 일을 하며 다시 세상으로 나아갈 준비를 한다.

## 전쟁이 가져온 시대의 아픔

한국 현대사를 관통하는 하나의 큰 줄기는 바로 '이념'이다. 이 이념은 제2차 세계대전이 끝나면서 일어나게 된 냉전의 결과다. 해방 후 약 5년 만에 일어난 한국전쟁이 가져온 시대의 아픔이다. 여러 역사학자들은 인류의 역사가 전쟁의 역사라 말한다. 인류 역사에서 평화로운 시기보다 전쟁으로 혼란스러운 시기가 많았기 때문이다. 그리고 전쟁이 없어도 문명사적으로 볼 때, 삶은 평탄했던 시기보다 자연재해와 전염병 등으로 불안하고 힘들었던 시간이 더 길다.

20세기 중반에 있었던 전쟁으로 한반도는 이념 논쟁의 중심지가 됐고 종전처럼 느껴지는 길고 긴 휴전의 시간을 보내고 있다. 전쟁으로 한국 현대사는 이념을 중심으로 선과 악이 판단됐고 국민들은 시대의 아픔으로 오랜 시간 독재의 공포정치 시간을 견디고 버텨야 했다. 무엇보다 휴전 후 한국에서 일어난 국가의 공권력 행사와 관련된 역사에서 한국전쟁이 가져온 시대의 아픔이 무엇인지 알 수 있게 한다. 작품에서 등장하는 크뤼거가 바로 전쟁이 가져온 시대의 아픔을 정통을 맞은 인물이다.

크뤼거는 제2차 세계대전 때 전쟁 부상자를 치료하는 병동에서 일을 했다. 부상병들의 고통을 줄여주기 위해 피아노를 연주했고 전쟁 중이었으나 부상병들과 병동에서 일하는 사람들은 잠시나마 시름과 고통을 크뤼거의 피아노 연주를 통해 잊을 수 있었다. 하지만 크뤼거에게 자매이자 연인이었던 한나가 공산당원임이 밝혀지면서 처형을 당한다. 크뤼거는 이 일에 큰 충격을 받게 되고 이후 교도소 안의 여성 재소자들에게 피아노를 가르치는 일을 하며 여생을 보낸다. 이 때, 제니를 만났다.

크뤼거는 교도소의 여성 재소자들에게 피아노를 가르치면서 제니가 범상치 않으며 피아노에 재능이 있음을 알아본다. 더불어 제니에게 현재의 시련과 아픔을 극복할 수 있는 힘을 주려 노력한다. 과거에 자매이자 친구이고 연인이었던 한나를 죽음으로부터 지키지 못했고 죽음이 두려워 한나

를 배신한 죄책감에 대한 속죄인
것이다. 죄책감에서 벗어나기 위
한 속죄의 행동이더라도 크뤼거
가 제니에게 쏟는 정성은 진심이
었고 이런 진심은 제니를 변하게
만든다.

**관람일 캐스팅보드 ©필자**

크뤼거는 전쟁이 가져다준 시대의 아픔과 절친을 져버린 죄책감에서 자유로울 수 없었다. 하지만 그녀는 그녀의 방식대로 아픔을 극복하며 남은 인생을 통해 속죄한다. 크뤼거가 교도소에서 여성 재소자들에게 피아노를 가르치며 뚜렷한 효과는 보지 못했을지 모른다. 그러나 제니를 통해 크뤼거는 일말의 죄책감을 떨쳐버릴 수 있었고 꿈속에서 한나를 만나면서 크뤼거는 죄책감을 덜게 된다. 크뤼거를 오랫동안 괴롭혔던 전쟁으로 인한 시대의 아픔과 죄책감이 사라졌다. 여기서 인류가 전쟁을 반대하는 이유를 명확하게 알 수 있다. 전쟁은 국가 간에 일어나는 일이지만 전쟁으로 인해 벌어지는 시대의 아픔은 전쟁과 관련 없는 보통 사람들이 짊어지게 된다.

## 사람은 존재 자체로 소중하다

본 작품은 사람을 평가할 때 그 겉모습이나 그 사람이 처한 상황으로 평가하는 것은 의미가 없다고 말한다. 세상에 살고 있는 모든 사람들은 어떤 형태로든 예고도 없이 시련이 찾아온다. 개개인이 인생을 살면서 한 선택으로 겪게 되는 시련도 있지만 생각지도 못하게 찾아오는 시련도 있다. 그러기에 사람을 단편적으로 평가하면 그 사람의 진면목을 볼 수 없다. 하지만 인류역사는 사람을 편협하고 만들어진 틀을 기준으로 판단하게 발전했다. 한 나라가 겪어 온 역사에 따라 사람을 판단하는 기준이 많이 다르다. 그러나 작품을 보면 세상의 사람은 그 어떤 상황에 처해있더라도 사람인 것 자체로 소중하다는 것을 보여준다. 크뤼거가 제니에게 전하는 진심 속에 담겨 있다.

인류의 역사가 이어지면서 사람을 그 자체로 바라보기보다 세상이 만들어낸 틀과 만들어진 사고방식을 통해 바라보게 됐다. 그래서 시간이 지날수록 사람들의 인심과 감정은 전쟁 때와 다름없어졌다. 이런 이유로 많은 사람들이 마음의 병으로 고생하고 있다. 더불어 모두가 자기 자신으로 살지 못하고 누군가를 만족시키기 위한 삶을 살고 있다. 작품에서도 삐뚤어진 질투심으로 인해 스스로 무너지는 인물이 있는데 '뮈체'가 바로 그 사람이다. 크뤼거를 만족시켜 그에게 돋보이고 싶은 마음에 제니를 질투한다. 이로서 제니의 노력이 수포로 돌아갈뻔 한다. 하지만 크뤼거의 노력으로 제니의 노력은 빛을 발한다.

작품에서 크뤼거가 제니를 도와주고 여성 교도소에 있는 재소자들에게 피아노를 가르칠 수 있었던 이유는 바로 사람을 바라볼 때 그 사람 그 자체로만 봤기에 가능했다. 크뤼거가 전쟁을 겪으면서 사람의 소중함을 알게 됐고 무엇보다 친구였던 '한나'의 일을 통해 사람은 그저 사람인 것으로 충분히 살아갈 가치가 있다는 것을 알게 됐기에 가능했다. 하지만 현대사회는 제2차 세계대전 이후 사람을 사람 그 자체로 소중하게 느낄 수 없게 만들었다. 여기에 심화된 자본주의의 물질만능주의로 인해 사람을 평가하는 기준이 물질이 되어버렸다. 점점 우리는 사람을 사람인 것 그 자체로 살 가치가 있고 소중하다는 것을 인식하지 못한 채 일생을 살아간다. 이 작품이 만들어진 이유 중의 하나가 이를 풍자하기 위함이 아닐까?

"모든 사람은 사람인 것으로 충분히 살 가치가 있고 소중하다. 스스로가 쓸모없다고 생각될 때 이 한마디를 떠올려보면 어떨까?"

### 프리한 학예사의 체크체크

- ⊘ 전쟁 중에도 예술 활동은 일어났다. 깊은 절망에서 인류를 다시 살아갈 수 있도록 한 예술이라는 것에 대해 생각해보자.
- ⊘ 작품의 하이라이트인 피아노 연주를 끝까지 즐겨보며 음악 속에 담긴 희노애락을 느껴보자.
- ⊘ 작품이 던진 질문에 대한 답을 찾아보며 나를 돌아보는 시간을 가져보자.

## 시련과 고통은 미래를 위한 성장통!
# 〈베토벤〉, 〈루드윅〉

| 〈루드윅 : 베토벤 더 피아노〉 포스터(2022) | 〈베토벤〉 포스터(2023) |

## 세상과 음악으로 소통한 사람

사람은 인생을 살면서 어떤 형태로든 시련을 겪는다. 베토벤도 피해갈 수 없었는데 그의 청력이 안 좋아졌고 세상과 소통하기가 어려워졌다. 무엇보다 음악가였던 베토벤에게는 사형선고나 다름없는 시련이자 장애였다. 하지만 그는 좌절하지 않았다. 비록 청력이 시간이 흐를수록 약해지고 종국엔 거의 들리지 않게 됐지만 그는 자신만의 방법으로 세상과 소통했다. 〈베토벤〉에서는 청력을 잃으면서 세상 사람들과 쉽게 소통할 수 없는 면이 자주 그려진다. 베토벤이 세상과 소통했던 방법은 바로 음악이었다.

베토벤이 작곡한 곡의 수는 그리 많지는 않지만 그가 작곡한 곡들을 들어보면 그 속에 희노애락이 모두 담겨 있다. 이래서 클래식을 들으면 인생을 알 수 있다고 하는 것이다. 우리가 클래식이라고 부르는 음악을 작곡한 음악가들의 삶을 보면 보통 사람들도 그렇지만 더욱 인생 그 자체가 고통이고 시련이다. 하지만 그들은 그 속에서 자신들의 예술성을 더욱 높였고 음악을 통해 고통의 인생을 이겨냈다. 특히 베토벤은 음악가에게 치명적인 장애이자 시련이었던 청력을 잃었기 때문에 그의 음악 속에 더욱 인생의 희노애락이 고스란히 담겨 있는 것이다. 베토벤은 음악을 통해 고통스러웠던 자신의 인생을 이겨냈고 나아가 음악의 성인이자 아버지로 거듭났다. 무엇보다 닫힌 문을 바라보기보다 다른 쪽에 열린 문을 찾아 그 문으로 난 길로 간 인물이다.

## 어린 시절의 상처가 인간관계에 영향을 준 사람

베토벤을 다룬 뮤지컬 두 작품이 그의 일생을 바라보는 관점은 서로 다르지만 베토벤이 어른이 되어서 살았던 삶의 궤적을 따라가다 보면 그의 어린 시절 불우함이 성인이 되어 트라우마로 남았고 타인을 따뜻하게 대하지 못하는 사람으로 만들었음을 알 수 있다. 〈루드윅〉에서 조카를 입양해 키우면서 조카를 자신과 같은 음악가로 만들기 위해 밀어붙이는 모습을 통해 사람이 성인이 되어 나타나는 어떤 면은 어린 시절을 보여주는 거울이라는 것을 깨닫는다. 더불어 어린 시절에 사랑을 받아본 사람이 대체로 사랑을 베풀고 표현할 수 있다는 사실을 절실히 깨닫는다. 어린 시절은 어른이 되기 위한 준비 과정인 것이다.

인류의 역사를 자세히 살펴보면 아이들이 존중받고 성장 과정에서 부모의 보호를 받아야 하는 존재로서 대해지기 시작한 지 그리 오래되지 않았다. 20세기 중반까지 아이들은 부모가 부유하지 않으면 어린 시절부터 힘들고 어려운 삶을 살았다. 베토벤 집안은 비록 부자는 아니었지만 아버지가 궁정에서 일을 하고 베토벤 자신도 비록 아버지의 강요에 의해서였지만 연주를 하면서 돈을 벌었기에 어느 정도는 살아갈 수 있었다.

사람에게 있어 어린 시절은 아주 중요하다. 〈루드윅〉과 〈베토벤〉을 통해 절실히 공감할 수 있다. 특히, 〈베토벤〉에서 어린 시절의 경험이 성인이 되어 트라우마로 나타나는데 이는 베토벤의 삶에 많은 영향을 끼쳤다. 작품에서 베토벤의 어린 시절 고통은 술주정뱅이 아버지의 폭력과 혹독한 피아

노 연습으로 그려진다. 그리고 이런 그의 트라우마는 사람에 대한 부정적인 인식을 심어주었고 사람보다는 음악에 몰두하는 모습이 그려진다.

〈베토벤〉 관람일 캐스팅보드 ⓒ필자

## 베토벤이 악성으로 거듭난 비법

베토벤은 20대 후반에 청각을 잃는다. 하지만 주변에 그를 후원하는 사람들도 많았고 무엇보다 그와 교류하는 저명한 음악가들이 많았다. 베토벤의 재능이 뛰어나기도 하지만 그가 꾸준히 치료를 받고 삶을 영위할 수 있도록 주변에서 물심양면으로 도왔다. 그래서 그는 청각 장애를 딛고 악성으로 거듭날 수 있었다. 특히, 한 여인에 대한 깊은 사랑을 통해 그는 장애를 갖게 된 고통을 딛고 악성으로 거듭났다. 이는 뮤지컬 〈베토벤〉에서 그려진다.

베토벤이 '안톤'이라는 여성을 통해 사랑을 깨닫게 되고 진짜 사랑이 무엇인지 알게 된다. 작품에서 안톤과 베토벤은 한 귀족의 연회에서 만나게 되고 서로 사랑의 감정을 느끼게 된다. 하지만 안톤의 남편인 프란츠로 인해 베토벤은 안톤을 놓아줄 수밖에 없었고 베토벤과 안톤은 베토벤이 죽고 난 후에야 잠시 다시 만날 수 있게 된다. 어쨌든 베토벤의 삶에서 그를 변화시킨 여인은 안톤이다.

베토벤은 그를 후원하는 사람들과 그와 교류하는 다양한 음악가들의 도움과 한 여인의 사랑으로 청각장애라는 음악가로서 치명적인 장애를 뛰어넘어 음악의 성

**베토벤 초상 ⓒ위키디피아**

인으로 거듭났다. 이를 통해 역사 속 위인들도 그렇지만 보통의 사람들도 한평생을 살아가면서 무수히 많은 사람의 도움과 지지를 받는다는 것을 알 수 있다. 그리고 사람의 도움과 지지는 한 사람의 인생에서 때론 시련과 고통을 뛰어넘을 수 있는 강한 힘을 준다는 것을 알 수 있다.

## 베토벤과 나폴레옹

베토벤이 살았던 시대는 18세기 말~19세기 초반으로 역사적으로 변혁의 시기다. 유럽의 절대왕정이 무너져가는 시기고 입헌군주정이나 공화정 등 시민들의 뜻에 따라 나라의 정치가 운영되는 민주주의 사회로 거듭나던 시기였다. 그래서 대부분의 유럽이 정치사회적으로 혼란스러웠다. 그중에서도 프랑스가 가장 혼란스러웠다. 이렇게 혼란스러운 프랑스에 베토벤과 유명한 역사적 에피소드가 있는 인물이 있다. 바로 나폴레옹이다.

나폴레옹은 프랑스 혁명 후 세워졌던 공화정이 무너지자 스스로 황제의 자리에 올랐다. 베토벤과 나폴레옹의 유명한 에피소드는 바로 이때 발생한다. 베토벤의 교향곡 5번인 '영웅'은 본래 나폴레옹에게 헌정할 예정이었다. 그런데 나폴레옹이 황제의 자리에 올라간다는 소식을 들은 베토벤은 교향곡의 헌정을 취소했다. 베토벤이 나폴레옹에 대한 교향곡 헌정을 취소한 것은 나폴레옹이 황제의 자리에 올랐기 때문이다.

베토벤이 나폴레옹에게 교향곡을 헌정하려 했던 것은 혁명과 공화정 시기에 그가 시민(혹은 국민)에게 힘든 삶 속에서 희망이 되는 인물이었기 때문이다. 그런데 나폴레옹이 권력의 달콤함이 가득한 황제의 자리에 오름으로 베토벤이 생각했던 이미지가 사라졌기에 그는 나폴레옹에게 헌정하려 했던 교향곡을 헌정하지 않고 대중에게 발표한다.

현재 그 악보의 진본이 전해오고 있는데 그 악보에 나폴레옹에게 주려 했을 때 썼던 글귀가 박

〈루드윅〉 관람일 캐스팅보드(2022년) ©필자

박 긁혀 있는 모습을 볼 수 있다고 한다. 나폴레옹에 대한 실망감이 얼마나 컸으면 그렇게 자신이 썼던 글씨를 박박 지웠을까?


**"하나의 문이 닫히면 다른 한 쪽의 문이 열린다. 세상을 살아가는 방법은 여러 가지다. 인생에 문제가 생겼을 때 더욱 넓고 높은 생각으로 문제를 해결해보면 어떨까?"**

## 프리한 학예사의 체크체크

- ⊘ 역사에서 베토벤과 모차르트의 관계를 알고 관람한다면 작품 속 베토벤의 모습에 더욱 깊이 몰입할 수 있다.
- ⊘ 베토벤이 작곡한 음악을 들으며 어떤 생각이 드는지, 어떤 느낌을 받게 됐는지 노트에 기록해보자.
- ⊘ 혹시 자신에게 있는 어린 시절의 상처, 트라우마가 무엇인지 어린 시절의 자신과 마주해보자.
- ⊘ 사람이 세상과 소통하기 위해 필요한 조건이 무엇인지 작품에 그려지는 베토벤의 모습을 통해 유추해본다면 불통의 시대에 지혜로운 소통방법을 알 수 있지 않을까?

## 세상의 편견이 불러온 사후 방황
# 〈파가니니〉

〈파가니니〉 포스터(2024)

## 종교와 맞서다가 오랫동안 안식처를 찾지 못했던 파가니니

유럽의 경우 지금도 종교가 사람들의 삶에 큰 영향을 끼친다. 물론 전근
대사회보다 덜하지만 유럽 사람들의 삶 속에 종교적인 삶의 태도가 깊이
배어 있다. 그만큼 유럽인들에게 종교는 바로 일상이다. 그래서 유럽의 한
유명한 바이올린니스트가 사후 오랫동안 안식처를 찾지 못하고 세상을 떠

돌았다. 이 작품은 이런 파가니니의 아들이 아버지 파가니니의 안식을 위해 끊임없이 노력하여 마침내는 그 목적을 이룬다는 내용이다. 이 작품을 보고 유럽은 성당이나 교회의 허가가 없으면 교회나 성당에 묻힐 수 없다는 것을 알게 되었다. 이 과정에서 예전에 갔던 스페인 여행이 떠올랐다. 스페인에서 갔던 대부분의 성당에는 귀족이나 성인 그리고 위인들의 무덤이 있었다.

## 바이올린 기교의 천재, 파가니니

파가니니는 왜 그렇게 오랜 시간 사후에 세상을 떠돌아야 했을까? 이는 그의 음악적인 재능 때문이다. 파가니니의 바이올린에 대한 재능이 도저히 사람의 것이라고는 믿어지지 않는 것이었기에 그에 대한 무성한 소문을 낳

파가니니 모습 ⓒ벅스뮤직

았다. 이 소문으로 교회와 성당에서 파가니니를 이단과 같이 취급했다. 작품에서는 아들이 그가 이단이 아니며 아버지인 파가니니는 독실한 종교인임을 증명해나가는 과정이 그려진다. 이를 통해 파가니니의 삶이 무대에 그려진다.

파가니니는 어렸을 때부터 바이올린 연주에 재능을 보였다. 더불어 그는 사람이라고는 도저히 믿지 않는 기교를 부렸

관람일 캐스팅보드 ⓒ필자

다. 그리고 그의 쇼맨십으로 인해 그의 공연 때마다 그를 보고 기절하는 여성들이 많았다고 한다. 그래서 파가니니에 대해 카톨릭은 좋게 보지 않았다. 무엇보다 그의 재능을 악마가 준 재능이라고 하며 이단과 같이 취급했다. 그래서 파가니니는 오랜 시간 사후에 세상을 떠돌았다. 아들의 눈물겨운 노력으로 종교재판을 통해 겨우 안식처를 찾을 수 있었다.

## 바이올린을 솔로 악기의 위상으로 격상시킨 파가니니

유럽의 음악사에서 파가니니를 기점으로 바이올린은 솔로 악기로 격상된다. 본래는 오케스트라에 포함된 악기로서 유명했으나 파가니니를 기점으로 솔로 연주가 가능한 악기로 생각됐다. 더불어 파가니니의 기교는 현재의 바이올린리스트들도 어려워하는 기교다. 이렇게 엄청난 기교였기에 당시로서도 파가니니가 사람으로 보이지 않았을지도 모르겠다. 그래서 파가니니 생전에 악마에게 영혼을 팔았다는 소문이 돌았다.

파가니니는 바이올린으로만 공연이 가능하다는 사실을 깨닫게 해준 역사적인 인물이다. 물론, 오케스트라나 피아노와 협연을 하긴 하지만 바이올린이 솔로악기로서 위상이 올라간 것은 파가니니 덕분이다. 작품에서 그려지는 파가니니의 모습은 연주자라기보다는 쇼맨이다. 그가 공연에서 보여주는 쇼맨십은 지금 해도 이상하지 않고 아이디어가 상당히 기발하다. 파가니니가 했던 쇼맨십은 현재도 많은 공연과 방송에서 활용되고 있다. 파가니니가 격상시킨 바이올린의 위상은 바이올린 장인의 작품에도 영향을 끼쳤다. 세계적으로 유명한 바이올린 브랜드가 있는데 모두 최소 백년 이상 내려오고 있다. 실제로 파가니니가 연주했던 바이올린이 지금까지 보존되어 내려오고 있는데 지금도 종종 연주되고 있다고 한다.

**"누구에게나 타인보다 뛰어난 점이 있다. 타인의 뛰어난 재주를 시기하고 질투하기보다 자신이 가진 뛰어난 능력이나 재능을 발견하여 인생을 더욱 풍요롭게 하는 데에 사용해보면 어떨까?"**

### 프리한 학예사의 체크체크

- ⊘ 종교가 곧 일상이었던 유럽인들에게 사후 성당에 안장되는 것이 그들에게 어떤 의미인지 알면 작품에 더욱 몰입할 수 있다.
- ⊘ 파가니니의 기교 넘치는 음악에 무엇이 있는지 알아보고 한번 들어보면서 그의 능력을 느껴보자.
- ⊘ 파가니니가 연주했던 세계적으로 유명한 바이올린의 브랜드가 무엇인지 알아보자.

# 5장

## 부와 권력보다 나다운 삶을
## 살고 싶었던 사람들

절대왕정의 강약약강으로 바뀐 여성들의 삶

# 〈식스〉

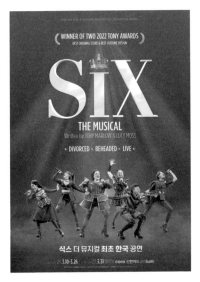

〈식스〉 내한공연 포스터(2023)

## 조강지처를 버린 헨리8세

역사에서 헨리8세는 유명한 바람둥이다. 더불어 사랑이 식으면 상대 여성을 죽이거나 쫓아냈다. 뮤지컬 〈식스〉는 바로 이렇게 유명한 헨리8세를 겪은 6명의 왕비들이 각자 자신만의 색으로 한풀이를 하는 작품이다. 솔직히 인류의 역사로 기록된 역사는 남성중심의 역사다. 그러기에 여성들의 이야기가 제대로 기록되지 못했고 기록된 것이 거의 없다. 그러므로 이 작품은 허구가 많이 가미됐다. 사실보다는 허구의 비중이 높고 무엇보다 상상력이 많이 가미됐다. 그리고 6명 왕비의 특징과 성향이 드러나는 색감과 함께 6명 왕비의 캐릭터를 잘 보여준다.

작품을 보면 헨리8세에 대한 분노가 치밀어 오른다. 헨리8세는 자신의 후계를 얻기 위해 조강지처였던 캐서린과 이혼한다. 그는 아들을 얻기 위해 법까지 바꿔가며 캐서린과 이혼한다. 헨리8세가 이혼을 위해 법을 바꾸면서 종교의 한 종파가 생겼는데 그것이 성공회다. 그래서 영국의 카톨릭은 다른 유럽의 카톨릭과 조금 다른 점이 있다. 헨리8세가 캐서린과 이혼한 것은 아들을 얻기 위함도 있었지만 그보다 앤과 결혼하기 위한 것이었다. 당시 영국에서 최고로 높은 자리에 있는 남자이기에 가능했던 일이다. 헨리8세의 이혼과 재혼을 위해 생긴 성공회는 현재 한국에도 들어와 있다. 더불어 성당은 서울 한복판에 아름답게 세워져 있다.

## 과연 헨리8세의 목적은 아들뿐이었을까?

헨리8세는 역사적으로 유명한 바람둥이로 소문나 있다. 그러나 그가 바람을 피운 것은 그의 후계자를 얻기 위함이었다. 캐서린과의 사이에서 아들을 얻지 못했다. 캐서린과는 정략결혼인 점도 있었지만 캐서린은 헨리8세보다 나이도 많고 당시는 의학이 그리 발달하지 않았기에 여성들에게 출산은 목숨을 건 도박이었기 때문이다. 캐서린은 조선시대 여성들이 그러했듯 아들을 낳지 못해 쫓겨난 셈이 됐다. 그렇게 캐서린을 쫓아내고 헨리 8세는 앤 블린과 결혼했다. 하지만 헨리8세의 기대와 달리 앤도 그에게 아들을 안겨주지 못했다. 앤이 아들을 낳지 못하자 헨리8세는 그녀에게 누명을 씌워 참수형으로 죽였다. 앤의 머리가 잘렸던 장소에 현재 기념물이 설치돼 있어 앤의 형장의 위치를 찾아볼 수 있다. 앤이 낳은 딸은 훗날 영국의 여왕이 되는데 엘리자베스 이후 헨리8세의 가계는 끊긴다.

그렇게 앤이 죽고 헨리8세는 그녀의 시녀였던 제인 시모어와 결혼한다. 헨리8세는 시모어를 통해 바라고 바라던 아들을 품에 안는다. 그러나 제인은 아들 에드워드를 낳은 후 세상을 떠나고 만다. 시모어가 세상을 떠나고 헨리8세는 자신의 옆자리를 비워둘 수 없어 클레벤의 앤과 결혼한다. 하지만 헨리8세와 클레벤은 잘 맞지 않았던 것 같다. 결혼한 지 얼마 되지 않아 이혼했고 그녀의 시녀였던 또 다른 캐서린과 결혼한다. 캐서린의 성격이 앤 블린과 비슷해서였을까? 헨리8세의 노여움을 사게 됐다. 그래서 캐서린도 앤 블린과 같이 형장의 이슬로 생을 마감한다.

이후 헨리8세는 마지막으로 결혼하는데 그녀의 이름도 캐서린이다. 헨리8세가 세상을 떠나면서 그의 마지막 왕비로 목숨을 부지할 수 있었던 캐서린 파다. 캐서린 파를 끝으로 헨리8세의 카사노바적인 여성편력은 끝난다. 작품을 보면 헨리8세가 6명씩이나 왕비를 바꾼 것은 단순히 아들을 얻기 위함은 아니었다. 태생적으로 헨리8세는 호색한이었다. 무엇보다 영국의 젊은 왕으로 가능하다면 많은 여성들과 관계를 맺고 싶었을지 모른다. 명분은 아들이었으나 그가 실제로 원했던 것은 새로운 여성이었다.

관람일 캐스팅보드(라이선스 공연) ⓒ필자　　관람일 캐스팅보드(내한공연) ⓒ필자

## 6명 왕비들의 저주인가?
## 엘리자베스 여왕을 끝으로 대가 끊긴 헨리8세

　작품에서 그려지지 않지만 헨리8세의 후손은 엘리자베스 여왕을 끝으로 끊긴다. 헨리8세에 의해 억울한 죽음이나 쫓겨남을 당했던 왕비들의 저주가 아닐까? 앤 블린과 캐서린 하워드는 헨리8세에 의해 참수형을 당했으니 더욱 그를 저주할 만하다. 헨리8세와 만나서 좋은 결말을 본 왕비가 없기에 그의 대가 끊긴 것이다. 이를 통해 생전에 지었던 악업은 언제가 됐든 자신의 후손들이 받는 것을 알 수 있다.

　왕비들의 저주라고 표현하긴 했지만 세상은 순리대로 돌아간다고 헨리8세가 생전에 지은 악업으로 그 업보를 받은 것이다. 그리고 헨리8세가 아들을 얻기 위해 바람을 피워가며 6명이나 되는 왕비와 결혼했지만 정작 헨리8세의 뒤를 이어 왕이 된 것은 메리와 엘리자베스였다. 조강지처인 캐서린의 딸 메리와 앤 블린의 딸 엘리자베스다. 두 여인은 순서대로 영국의 여왕이 됐다. 두 여왕의 정치색은 달랐지만 아버지 헨리8세를 닮은 정치를 폈다. 헨리8세가 어렵게 얻은 아들인 에드워드가 왕이 될 수 없었던 것은 그가 이른 나이에 세상을 떠났기 때문이다. 결과적으로 헨리8세로인해 영국은 여왕의 시대가 열렸다. 그리고 동시에 엘리자베스 여왕을 끝으로 헨리8세의 혈통은 끊긴다.

**"누군가의 눈에서 눈물 나게 하면 당사자는 피눈물을 흘린다. 지극히 평범한 이 글귀가 유독 잘 어울리는 역사 속 인물은 헨리8세가 아닐까? 세상을 살아가면서 의도적으로 타인의 눈에서 눈물 나게 하지 않는 것이 좋지 않을까."**

### 프리한 학예사의 체크체크

- ⊘ 헨리8세의 부인 중 처음으로 참수형을 당하는 앤블린의 이야기, <천일의 앤>을 작품 관람 전에 보고 가면 작품에 더욱 몰입할 수 있다.
- ⊘ 헨리8세의 일대기와 이를 중심으로 한 영국의 역사를 알면 작품을 더욱 흥미진진하게 감상할 수 있다.
- ⊘ 작품에서 등장인물을 상징하는 색과 헨리8세의 6명 왕비의 성격과 특징을 비교하면서 작품을 감상했을 때 각 인물들에 대해 새롭게 보이는 것이 있다.

가짜뉴스가 불러온 혁명과 왕정의 죽음

# 〈마리 앙투아네트〉, 〈1789〉

뮤지컬 공연실황 영화 〈1789〉 포스터(2016)          〈마리 앙투아네트〉 포스터(2024)

## 프랑스인들에게 오스트리아는 어떤 의미

프랑스 혁명으로 세상을 떠난 비운의 왕비인 마리 앙투아네트! 과연 그
녀는 단두대에서 죽을 만큼 악한 여인이었을까? 우리가 일반적으로 알고
있는 마리 앙투아네트에 대한 이미지는 오스트리아 출신의 프랑스 왕비로,
왕실 재정으로 화려하고 사치스러운 삶을 살다가 혁명 때 단두대의 이슬로

사라져 버린 왕비다. 하지만, 뮤지컬 〈마리 앙투아네트〉에서는 마리에 대한 진실을 작품을 통해 말한다.

작품에서는 마리가 프랑스에 시집을 올 때부터, 대중들이 그녀에 대한 감정이 좋지 않았음을 말하고 있다. 특히, 마리가 오스트리아와 프랑스의 경계인 국경에 도착했을 때, 마리의 의복과 장식 등 보이는 모든 것을 프랑스식으로 바꾼다는 명분 아래 프랑스 왕실에서 일하는 사람들에 의해 그녀가 굴욕을 당한 장면을 그리며 마리가 프랑스 왕비가 될 때부터 그녀가 대중에게 좋지 않은 이미지였음을 보여준다.

마리 앙투아네트는 오스트리아의 여제인 마리 테레지아의 딸로 본래 프랑스의 왕비가 될 사람이 아니었다. 하지만 그녀의 언니 대신 프랑스 왕비가 됐고, 결과적으로 단두대의 이슬로 세상을 떠난

관람일 캐스팅보드(2024) ⓒ필자

다. 마리가 프랑스로 넘어올 때부터 대중들에게 이미지가 좋지 않았던 건, 그녀의 출신지가 오스트리아였기 때문이다. 오스트리아는 당시 합스부르크 왕가로 실제로 프랑스와 관계가 좋지 않았다. 그런데 딸을 프랑스로 보낸 것은 외교적으로 화해하기 위한 정략결혼을 위함이었다. 마리가 프랑스로 오기 전 프랑스는 오스트리아와의 전쟁에서 패배했고, 이 패배로 원하던 것을 얻지 못했기에 오스트리아에 대한 감정이 좋지 않았다. 그래서 마리가 프랑스의 왕과 결혼하기로 결정되는 순간부터 프랑스인들은 마리에

대한 부정적인 이미지를 가지게 됐다.

## 소문과 가짜뉴스로 얼룩진 마리 앙투아네트의 삶과 죽음

학창 시절에 세계사를 배웠다면 마리 앙투아네트가 프랑스 혁명의 결과로 단두대로 생을 마감한 이유가 프랑스 왕비였을 때 사치를 부릴 대로 부려 국가 재정을 낭비했기 때문이라고 알고 있을 것이다. 그런데 마리 앙투아네트에 대한 이런 사실을 모두 거짓이다. 마리가 프랑스로 시집올 때부터 이미지가 좋지 않았는데 루이16세와 가까운 친척 중에 루이16세의 자리를 탐내는 인물인 오를레앙 공작의 야심과 계략으로 퍼진 마리에 대한 가짜뉴스로 인해 마리에 대한 이미지는 더욱 나빠져 역사적으로 우리에게 알려진 결과를 맞이했다.

작품에서도 그려지는데 마리 그녀가 사지도 않은 목걸이로 인해 오를레앙 공작이 그녀를 공격할 수 있는 빌미를 제공하게 된다. 실제 역사에서는 잘 알려지지 않았지만 작품 속에서 추기경의 정부와 오를레앙 공작이 정치적인 계략을 고안하여 마리의 명예가 더욱 실추되게 되는 장면으로 그려진다. 실제 역사에서 마리 사후에 이 목걸이는 마리가 사들인 것이 아니라는 것이 밝혀진다. 아무튼 마리는 출신지가 오스트리아라는 이유로 갖은 가짜뉴스에 시달린다.

심지어 '빵이 없으면 케익을 먹으면 되지.'라는 말을 했다는 가짜뉴스가 마리의 이미지를 더욱 실추시킨다. 그리고 재판을 받을 때 그녀를 단두대로 보내기 위해 혁명당에서는 마리와 떼놓은 아들인 루이 샤를르에게 약을 먹이고 마리에 대한 입에 담기에도 민망한 망언을 가짜 증언으로 재판정에 내놓는다. 바로 자신의 아들을 범한 엄마라는 불명예적인 언사를 통해 마리를 파렴치한 죄인으로 만들려 한 것이다. 그러나 마리는 한 번도 그런 적이 없었다. 작품에서 모성애에 호소하며 재판장에서 언급된 말은 사실이 아니라고 항변을 하지만 받아들여지지 않는다. 그리고 마리는 형장의 이슬로 세상을 떠나게 된다.

## 프랑스 혁명의 공포정치가 불러온 사람들의 광기

뮤지컬 〈마리 앙투아네트〉에서는 마리의 삶도 그려지지만 프랑스 혁명기 공포정치 시기의 프랑스 사람들의 광기를 고발하는 장면도 그려진다. 이 작품이 오스트리아의 창작 진이 제작하여 그런지는 모르겠지만 프랑스 혁명기 공포정치시기에 보이는 프랑스 사람들의 광기를 작품 속에 녹아냈다. 작품에서 마리가 체포되어 감옥에 갇혀 있을 때 마리의 오랜 친구인 랑발 공주가 미사를 보러 나갔다가 광기에 휩싸인 민중에게 잡혀 목이 잘린 모습이 그려진다. 이러한 모습이 프랑스 혁명기 프랑스 사람들의 광기다. 실제 역사에서 많은 사람들이 사형이 집행되는 날이면 단두대 근처에 모여 왕과 귀족들의 목이 떨어질 때 함께 떨어지는 값비싼 물건들을 가져가기 위해 눈에 불을 켰다고 한다.

더불어 공포정치기에 사람들의 광기로 인해 억울하게 목숨을 잃은 사람들도 많다. 절대왕정 체제를 무너뜨리고 시민이 주인이 되어 정치를 하는 공화정의 나라로 만들기 위해 시작된 혁명이었으나 나중에는 광기에 휩싸여 자신의 뜻에 동조를 하지 않는 사람에게 누명을 씌워 단두대에 보내는 혁명으로 변질됐다. 한번 뒤집힌 사람들의 눈은 쉽게 제정신을 차리지 못했다. 광기에 사로잡힌 공포정치는 장장 9개월 동안 이어졌다.

## 프랑스 혁명은 절반의 혁명이다

작품을 보면서 들었던 생각은 프랑스 혁명은 반쪽짜리 혁명이라는 것이다. 프랑스 혁명이 내걸었던 기조인 '자유, 평등, 박애'에 대해 생각하면서 들었던 생각이다. 무엇보다 '평등'의 관점에서 프랑스 혁명 이후에도 여성에 대한 차별은 바뀌지 않았기 때문에 프랑스 혁명은 절반의 혁명이다. 더불어 프랑스 혁명은 너무나 아이러니하다. 프랑스 혁명을 대표하는 그림은 들라크루아의 민중을 이끄는 자유의 여신인데 정작 여성의 권리와 권위는 혁명 중에 거의 고려되지 않는다. 다만 당시 여성이 가진 일종의 혜택(?)을 이용하여 베르사유궁에 침입하고 왕비였던 마리와 그들의 왕 루이16세를 왕위에서 끌어내린다.

프랑스 혁명은 까면 깔수록 모순이 넘처나고 사람의 욕망과 광기가 넘처난다. 이를 뒤집어 생각하면 프랑스 혁명이 일어날 때 프랑스의 상황은 모순들로 가득 넘처났고 일상이 눈이 뒤집어질 만큼 고됐다는 것을 반증한다. 프랑스 혁명의 모습은 우리가 학교에서 배우는 모습이 전부가 아니다.

혁명은 20세기 초반까지 이어진다. 결과적으로 프랑스 혁명은 18세기 말에 시작해서 20세기 초에 끝나는, 약 100여 년간 이어진 길고 기나긴 혁명이다. 세계사 속에 100년 전쟁도 있지만 100년 혁명도 있다.

"사람의 말에는 큰 힘이 있다. 사람의 말은 때로 한 사람의 목숨을 앗아간다. 그러기에 말을 할 때엔 신중히 하도록 하자. 밖으로 내뱉어진 말은 주워 담을 수 없으니 말이다."

## 프리한 학예사의 체크체크

- ⊘ 유럽의 시민혁명 역사에 대해 알면 작품을 더욱 깊이 느낄 수 있다.
- ⊘ 작품 속에서 마리 앙투아네트에게 누명을 씌운 목걸이에 얽힌 실제 이야기를 관람 전후로 찾아보자.
- ⊘ 관련 콘텐츠인 영화 <마리 앙투아네트>와 도서 『프랑스 혁명』을 보고 작품을 관람하면 등장인물들의 이해관계와 심리가 더욱 잘 보인다.

$\text{\LARGE ❧}$

## 정상에 올랐다면 최고점에서 떨어지지 마라
# 〈나폴레옹〉

〈나폴레옹〉 내한 포스터(2023)

## 시대를 역행시킨 황제 나폴레옹

나폴레옹은 프랑스에서 어떤 인물일까? 이 작품은 프랑스 배우들의 내한 공연으로 관람했다. 작품은 나폴레옹의 일생을 잘 보여준다. 무엇보다 나폴레옹이 황제가 되기까지 그리고 황제가 된 이후의 삶을 잘 그리고 있다. 더불어 나폴레옹의 인생에 있어서 조세핀이 어떤 사람인지 잘 그리고 있다. 허구가 가미되어 있더라도 역사적 사실을 이해하는 데에 큰 도움을 준다.

이 작품은 프랑스 혁명을 통해 공화정을 수립했는데, '나폴레옹은 황제의 자리에 앉으면서 왜 다시 군주정으로 돌아갔는가'에 대한 답을 주는 작품이다. 프랑스 혁명으로 왕정이 폐지되고 공포정치로 공화정이 시작된다. 제1공화정의 시작이다. 나폴레옹은 제1공화정에서 군사적으로 능력을 발휘한다. 그러면서 당시 제1공화정을 이끌어가던 인물인 바라스와 탈레랑 등에게 눈에 띤다. 그렇게 나폴레옹은 정치적 입지를 다진다.

그렇다면 나폴레옹은 어쩌다가 황제가 될 결심을 했을까? 바라스와 탈레랑과 함께 지내면서 정치를 알게 되고 그와 함께 권력의 맛을 알게 되면서 더 높은 야망이 생겼다. 그래서 바라스를 실각시키고 그의 여인이었던 조세핀을 자신의 여자로 만들면서 자신감을 가지게 된다. 나폴레옹은 프랑스의 최고 지도자가 되고 싶다는 야망을 가지게 됐고 이를 현실로 만들었다. 모든 준비가 됐다고 생각했을 시점 나폴레옹은 스스로 황제에 올랐다. 앞에서도 언급했지만 나폴레옹은 황제의 자리에 오르면서 베토벤의 교향곡을 헌정 받지 못했다. 아무튼 나폴레옹은 황제에 올랐고 프랑스를 강한 나라로 만들기 위해 애썼다. 하지만 나폴레옹에 대한 지지는 그리 오래가지 못했다.

민중의 지지가 시들해질 무렵 나폴레옹이 민중의 눈길을 끌기 위해 행한 것은 바로 정복 전쟁이다. 세계사 속 널리 알려진 나폴레옹의 정복 활동은 모두 이와 관련 있다. 나폴레옹은 국민들의 지지를 되찾기 위해 무리한 정복전쟁을 일으켰고 결과적으로 정복전쟁을 통해 그는 실각한다.

나폴레옹의 황제 즉위는 역사적으로 봤을 때 프랑스의 역사를 후퇴시켰다. 당시 전 유럽 대부분이 시민사회이자 민주주의 정치

관람일 캐스팅보드 ©필자

체로 거듭나고 있었다. 이런 때에 나폴레옹의 황제 즉위는 프랑스의 역사를 퇴보시키는 결과를 낳았다. 나폴레옹의 황제 즉위는 고종이 대한제국을 세우는 것과 같다. 나폴레옹이 프랑스의 황제로 즉위하면서 프랑스는 향후 100년간 혼란스러운 시간을 보내야 했고 혁명이 끊이지 않는 혁명의 시대를 살아내야 했다.

## 어머니의 품에서 황제에 오르고 아버지의 힘으로 내려오다

나폴레옹이 황제로 즉위한 곳은 2019년 화재로 다수 소실됐다가 최근 복원공사를 마치고 재개관한 프랑스 파리 시테섬에 위치한 노트르담 대성당이다. 나폴레옹은 노트르담 대성당에서 성대한 즉위식을 거행했다. 노트르담 대성당은 여성성을 가지고 있는데 프랑스인들에게 어머니의 품과 같은 건축이자 문화유산이다.

이렇게 나폴레옹은 어머니의 품에서 황제의 자리에 올랐다. 이때 받은 생명력으로 나폴레옹은 10여 년간 황제의 자리에 있을 수 있었다. 하지만

그의 권력기반이 군사력이었기에 결과적으로 그는 무력으로 인해 황제의 자리에서 쫓겨나고 생을 마감했다. 그가 활발하게 정복전쟁을 했음을 보여주는 문화유산이 하나 있는데 바로 이집트의 오벨리스크다. 19세기는 전 유럽에 제국주의가 퍼졌던 시기로 가능한 많은 식민지를 얻기 위해 끊임없이 정복전쟁을 했다. 그 때 나폴레옹이 이집트에서 가져온 것이다. 이 오벨리스크는 지금도 이집트로 돌아가지 못한 채 프랑스 파리의 콩코드광장에 세워져 있다.

아무튼 나폴레옹은 어머니의 품에서 일어섰으나 아버지의 힘으로 넘어졌고 결국 다시 일어나지 못했다. 잠깐 일어나는 듯 했으나 완전히 일어나지 못하고 숨을 거두고 말았다. 작품에서도 나폴레옹이 유배지에서 탈출해서 완전히 재기하기 위해 전쟁을 일으켰으나 그의 계산은 맞아떨어지지 않았고 완전히 정계에서 축출된다. 1821년 세인트헬레나 섬에 유배를 당하고 유배생활을 하다가 그곳에서 세상을 떠난다.

**"무언가를 이루는 것보다 이룬 것을 지키는 것이 더 힘들다. 사람의 인생에서 목표를 이루는 것도 중요하지만 이룬 목표를 지키는 것도 해야 될 일임을 잊지 말자."**

## 프리한 학예사의 체크체크

⊘ 나폴레옹의 황제 즉위와 고종의 대한제국 설립의 공통점이 무엇인지 생각해
보자. 각 인물이 행한 행동이 그 나라의 역사에 끼친 영향을 생각하면서 작품
을 감상하면 나폴레옹의 실책을 알 수 있다.

⊘ 작품을 감상하기 전후로 나폴레옹과 관련된 콘텐츠인 영화 <나폴레옹>을
감상해보자. 두 작품에서 그린 나폴레옹의 모습을 비교하는 재미가 있다.

⊘ 베토벤이 나폴레옹에게 헌정하려 했던 실제 악보가 현재 어디에 보관되어
있는지 알아보면서 나폴레옹에게 헌정을 취소한 베토벤의 심정이 어떠했을
까 상상해보자.

⊘ 나폴레옹이 야심을 현실로 만들 수 있었던 이유를 찾아보자 사람이 꿈과 목
표를 이루는데 도움이 되는 원칙을 발견할 수 있다.

잘못된 운명의 장난으로 삶을 마감한 황후

# 〈엘리자벳〉

〈엘리자벳〉 포스터(2022)

## 미처 자유롭게 비상하지 못하고 땅으로 떨어진 새

　엘리자벳 황후는 '씨시'라는 별명으로 유명하다. 실제 그녀의 성격이 어떠했는지 잘 모르지만 뮤지컬 〈엘리자벳〉에서 그녀는 자유로운 영혼을 가지고 있다. 그리고 왕실로 시집을 갈 생각은 전혀 없었다. 하지만 언니와 프란츠 요제프1세의 혼담을 위한 만남에 따라갔다가 우연히 요제프1세를 만나게 되고 요제프가 씨시를 신붓감으로 선택하면서 요제프1세와 결혼을 하게 된다. 여기서 살짝 마리 앙투아네트가 오버랩 된다. 자유로운 영혼을 가진 소녀 씨시는 합스부르크 왕가로 시집을 가지만 왕실생활에 적응하지 못한다. 작품에서도 왕실 생활에 적응하지 못해 어려워하는 씨시의 모습이 그려진다.

그러나 적응을 하지 못했던 엘리자벳은 어느 순간 왕실생활 만렙이 된다. 엘리자벳이 왕실생활 만렙이 될 수 있었던 이유는 태후인 대공비 소피가 엘리자벳이 아이를 출산할 때마다 데려갔기 때문이다. 이때 엘리자벳이 빼앗긴 아이를 데려오려면 자신에게 힘이 필요하다는 것을 깨닫게 되면서 바뀐다. 그녀가 변하기 시작하면서 황후로서 위엄을 세우게 되고 자신답게 살기 위해 노력한다. 엘리자벳이 황후로서 위엄을 보이기 시작하면서 시민들은 살기 힘들어졌다. 작품에서는 이런 모습을 표현하기 위해 극 중에서 루케니이자 네레이터인 인물이 '밀크'라는 넘버를 부르는 장면이 보여진다. 넘버의 제목이 '밀크'인 이유는 엘리자벳 황후가 그녀의 미모를 가꾸기 위해 우유목욕을 하는 것을 비판하고 풍자하는 장면이기 때문이다.

엘리자벳이 왕실생활 만렙이 되면서 정치가 무엇인지 알게 되고 그녀는 자신답게 살기 위해 왕실을 버리고 여행을 떠난다. 하지만 엘리자벳이 그녀답게 살기 위해 떠난 여행이 결국 그녀의 마지막 여행이 됐다. 여행 도중에 루이지 루케니라는 한 청년이 휘두른 칼에 찔려 그만 세상을 떠나기 때문이다. 작품에선 후반부에 표현된다. 어렵게 자신다운 삶을 살고 있었는데 상상하지도 못한 공격으로 그녀는 꿈을 제대로 이루지 못한 채 한 많은 삶을 마감한다.

## 유럽 절대왕정의 문을 닫은 합스부르크 왕가의 비극

엘리자벳은 실제 역사에서도 '루케니'라는 청년에 의해 암살당한다. 엘리자벳이 암살당함으로써 지금까지 내려오던 합스부르크 왕가의 혈통이 바뀌게 된다. 그래서 엘리자벳을 마지막 황후라고 부르기도 한다. 그녀가 마지막 황후가 된 이유는 그녀의 아들 황태자 루돌프가 왕위에 오르지 못하고 자살로 세상을 떠나기 때문이다. 루돌프가 죽었을 때 그에게 아들이 없었기 때문에 요제프1세가 세상을 떠난 후 왕실은 다른 혈통의 사람이 계승하게 됐다.

엘리자벳과 황태자 루돌프의 운명이 연결돼 있는 듯하다. 엘리자벳과 황태자가 세상을 떠난 후부터 합스부르크 왕가에 비극적인 일들이 끊이지 않는다. 무엇보다 제1차 세계대전의 도화선이 되는 사라예보 사건으로 합스부르크 왕가는 점점 멸망으로 접어든다.

엘리자벳 황후 초상화 ©필자

이런 합스부르크 왕가의 멸망과정을 보면 묘하게 대한제국의 멸망이 떠오른다. 사실 대한제국의 멸망과 합스부르크 왕가의 멸망 시기가 그렇게 크게 차이가 나지 않는다. 대한제국이 경술국치 조약으로 1910년 8월 29일에 멸망했고 합스부르크 왕가는 1차 세계대전에 오스트리아가 패배하면서 왕실의 문을 닫게 됐다. 제1차 세계대전이 끝난 것은 1918년으로 대한제국보다 8년에서 9년 늦게 합스부르크 왕가의 문은 닫혔다. 합스부르크 왕가는 18세기말 전 유럽에서 일어났던 시민혁명 등의 위기를 넘겼으나 위기를 넘기고 약 100년 후에 왕실의 문을 닫게 된다. 대한제국과 합스부르크 왕가의 공통점이라고 하면 두 나라 모두 왕비가 타의로 세상을 떠났고 왕비의 죽음으로 나라의 상황이 급속하게 나빠지기 시작하는 모습이다. 무엇보다 두 여인 모두 시부모로 인해 왕실로 시집을 간 후 힘든 생활을 해야 했다. 모르긴 몰라도 두 여인의 한이 나라의 문을 닫게 한 것은 아닌지 모르겠다.

프란츠 요제프1세 복식 ⓒ필자

엘리자벳 황후와 프란츠 요제프1세 ⓒ필자

# 유럽의 가장 큰 절대왕정, 합스부르크 왕가

유럽에서 가장 큰 영토를 구가하고 오랫동안 왕정을 유지했던 왕가는 바로 합스부르크 왕가다. 한국사와 비교하면 신라와 맞먹는다. 11세기경에 시작된 합스부르크 왕가는 20세기 초에 문을 닫았다. 합스부르크 왕가가 유명한 이유는 지속 기간도 길지만 그보다 넓은 영토를 차지했던 왕가이기 때문이다. 더불어 세계적으로 합스부르크 왕실을 상징하는 왕실만의 특징이 있는데 그것은 바로 유전병인 주걱턱이다. 그래서 합스부르크 왕가 사람들은 유전병을 숨기기 위해 초상화를 그리는 화가들에게 사전에 철저하게 주걱턱이 드러나지 않게 그려달라고 요청한다.

합스부르크 왕가가 '주걱턱'이라는 유전병을 가지게 된 것은 왕실 혈통의 순수성을 지키기 위해 철저하게 근친혼을 했기 때문이다. 한국사에서도 근친혼이 종종 있었는데 고려 초반에 있다가 사라졌고 그 이후엔 한국사에서 근친혼은 없었다. 하지만 유럽의 합스부르크 왕가는 오랫동안 근친혼을 고집했고 결과적으로 가문의 후손들은 '주걱턱'이라는 유전병을 갖게 됐다. 엘리자벳과 요제프1세와의 혼인도 근친혼이다. 황태자 루돌프도 주걱턱이었을 것이다. 비록 유전병이 있는 왕가였지만 합스부르크 왕가는 유럽의 절대왕정 중에서 가장 오랫동안 유지됐고 가장 넓은 영역을 지배했던 왕가였다. 그러기에 합스부르크 왕가의 근친혼은 넓은 범위의 근친혼일 것이다. 합스부르크 왕가에 속한 나라들이 많기 때문이다. 스페인, 오스트리아, 헝가리 등등 현재 유럽의 많은 나라들이 전엔 합스부르크 왕가에 속한 나라였다.

"사람은 적응의 동물이지만 맞지 않는 옷을 입고 자리에 앉았을 때 그 결과는 비극적이다. 엘리자벳의 비극은 어쩌면 정해진 운명이었고 우리는 이를 통해 사람은 자신의 분수에 맞는 삶을 살아야 함을 절실히 느낄 수 있다."

## 프리한 학예사의 체크체크

- ⊘ 엘리자벳을 중심으로 합스부르크 왕가의 역사를 알고 작품을 관람하면 그녀가 당당한 황후가 된 것이 왕실에서 탈출하기 위한 것임을 알 수 있다.
- ⊘ 작품과 관련된 도서인 『명화로 읽는 합스부르크 역사』, 『합스부르크, 세계를 지배하다』를 작품 관람 전후로 읽어보고 작품을 생각하면서 그 속의 허구와 사실이 무엇인지 구분해보자. 그 재미가 쏠쏠하다.
- ⊘ 작품 속 등장인물인 루케니가 부르는 넘버 속 가사를 주의 깊게 들어보면 삶을 살아가는 지혜를 알려주는 글귀가 종종 등장한다.
- ⊘ 비슷한 시기를 살았던 고종과 명성황후, 흥선대원군의 삶과 한국의 역사를 엘리자벳 씨시와 요제프1세, 황태자 루돌프, 대공비 소피의 삶과 합스부르크 가문의 역사와 비교해보면서 양국의 평행이론을 찾아보자.

꽃

## 외면의 추함보다 내면의 추함을 경계하라

# 〈팬텀〉, 〈오페라의 유령〉

〈오페라의 유령〉 내한 포스터(2020)

〈팬텀〉 포스터(2025)

## 유럽의 시민사회 등장과 문화예술 향유 층의 확대

뮤지컬 〈오페라의 유령〉과 〈팬텀〉은 프랑스 작가 가스통 르루가 쓴 소설 『오페라의 유령』을 원작으로 한다. 작품의 배경이 되는 시기는 19세기 말에서 20세기 초로 유럽의 많은 나라들이 시민사회 및 시민국가로 진입하며 신분질서가 재편되는 시점이다. 사회를 구성하는 사람들의 질서가 새롭게

재편되면서 문화예술을 향유하는
대상도 전보다 확대된다. 유럽에
서 문화예술 향유를 대표하는 것
은 오페라 극장에서 공연을 관람
하는 것이다. 작품의 배경이 되는
시기는 프랑스는 벨에포크 시대

<오페라의 유령> 내한공연 관람일 캐스팅보드 ©필자

로 낭만과 사랑이 가득한 문화예술을 즐기는 것이 유행하던 시기다.

그래서 원작자는 시대가 바뀌면서 새로운 공간으로 탈바꿈한 '오페라 가
르니에'를 공간적 배경으로 설정했다. 더불어 문화예술을 향유하는 사람들
이 확대되는 시기에 '오페라 극장에 살고 있는 유령'이라는 설정은 많은 사
람들의 흥미를 끌 수 있는 소재다. 이런 이유로 소설『오페라의 유령』은 많
은 사람들의 관심을 받지 않았을까?

## 같은 듯 다른 오페라 극장의 유령

원작 소설은 하나지만 이를 모티브로 제작된 뮤지컬 작품은 두 가지다.
하나는 우리에게 널리 알려진 영국의 뮤지컬 연출가인 앤드류 로이드 웨버
의 작품인 <오페라의 유령>이고 다른 하나는 아직은 우리에게 약간 생소한
모리 예스톤의 <팬텀>이다. 두 가지 작품 모두 오페라극장에 유령이 살고
있다는 소문 속에 유령의 실체를 알고 있는 유일한 인물이 오페라극장에
상주하는 인물이다. 하지만 유령에 대한 서사는 두 작품이 조금씩 다르다.

더불어 두 작품에서 이야기의 공간을 무대에 그려내는 것을 보면 앤드류 로이드 웨버의 〈오페라의 유령〉보다 모리 예스톤의 〈팬텀〉이 더 현실적이고 감성적으로 그린다. 등장인물 면에서 〈오페라의 유령〉은 크리스틴 약혼자의 이름이 '라울'이지만 〈팬텀〉에서는 크리스틴의 연인으로 '샹동 백작'이 등장한다. 그리고 두 작품의 공통적 여주인공인 '크리스틴'의 캐릭터에서도 차이가 있는데 〈팬텀〉에서 크리스틴은 오페라 극장 앞에서 악보를 팔다가 샹동 백작의 추천으로 극장에 들어가게 되나 〈오페라의 유령〉에서는 본래 오페라 극장의 발레 댄서로 활동하고 있는 인물이다.

또한 '유령'으로 불리는 팬텀이 오페라 극장에 살게 된 것은 〈오페라의 유령〉에서는 극장의 발레 걸 출신의 중역인 마담 쥐리가 그녀가 어렸을 때 비참한 생활을 하고 있던 그를 오페라 극장으로 데려와서 살게 된 것으로 그려진다. 반면 〈팬텀〉에서는 오페라 극장의 발레리나였던 그의 어머니가 극장에서 낳으면서 평생을 극장에서 살게 된 것으로 그려진다.

결과적으로 두 작품은 비슷한 결말을 맞지만 그 감성과 감동은 확연히 차이가 있다. 앤드류 로이드 웨버의 〈오페라의 유령〉에서 유령은 신비한 캐릭터지만 동시에 공포스런 존재고 그의 재능을 활용해서 오페라 극장에 숨어 산다. 반면에 〈팬텀〉에서의 유령은 '에릭'이라는 이름도 있고 그의 아버지가 오페라 극장의 극장장으로 꾸준히 근무하면서 에릭의 존재가 드러나지 않게 키우고 그를 숨겨준다. 하지만 에릭의 아버지는 극장장의 자리에서 해임된다. 〈팬텀〉은 이런 상황 속에서 이야기가 전개된다.

〈팬텀〉에서 에릭은 성악에 재능이 있었으나 태어날 때부터 일그러진 얼굴로 항상 가면을 쓸 수밖에 없어 그의 꿈은 이루지 못한 꿈으로 남는다. 이에 에릭은 크리스틴과 같은 성악에 재능이 있는 원석을 찾아 비밀과외를 한다. 〈팬텀〉의 유령은 〈오페라의 유령〉에서와 마찬가지로 신비와 공포의 대상이지만 공포의 정도가 〈오페라의 유령〉보다는 약한 느낌이다. 그리고 크리스틴을 자신의 주거지로 데려가지만 〈팬텀〉에서는 강제로 데려가는 것이 아니라 크리스틴을 구하기 위해 데려간다. 더불어 그녀와 시간을 보내기 위해 크리스틴이 스스로 자신을 따라오게 한다.

〈오페라의 유령〉은 유령의 신비함과 공포스러움을 보다 부각하는 방향으로 이야기가 펼쳐지지만 〈팬텀〉에서는 유령이 신비로운 존재가 아니라 우리와 같은 인간이며 선천적인 외모적 결함으로 평생을 숨어 살아야 하는 운명을 가진 한 인간임이 강조돼 그려진다. 〈오페라의 유령〉에서 유령은 선천적인 외모의 결함으로 부모에게 마저 버려져 고아로 살다 극장에 들어가지만 〈팬텀〉에서는 극장장이 젊었을 때 일으킨 열정의 사랑으로 생기고 그는 극장에서 보이지 않는 아버지의 지원을 받으며 살아간다. 비록 최후의 순간에 아들과 아버지가 서로를 확인하지만 둘에게 허락된 시간은 얼마 남지 않는다. 그렇게 〈팬텀〉은 〈오페라의 유령〉보다 더 인간적인 감정과 감성을 표현한다.

〈팬텀〉이 더 감성적이고 인간적이지만 원작 소설의 분위기를 살리고 있는 것은 오히려 〈오페라의 유령〉이다. 그래서 대중에게 〈팬텀〉보다 〈오페라의 유령〉이 더욱 널리 알려져 있는지도 모른다. 하지만 두 작품의 공간적 배경은 모두 프랑스에 있는 '오페라 가르니에'로 프랑스의 역사적 건축물이 공간적 배경의 모티브가 되고 있다. 〈노트르담 드 파리〉도 그렇고 〈오페라의 유령〉과 〈팬텀〉 모두 그 공간적 배경이 실존하고 있기에 비록 허구의 이야기지만 묘하게 끌리는 무언가가 있다. 무엇보다 인간의 외면적인 추악함은 결코 차별과 혐오의 대상이 될 수 없다는 메시지를 담고 있다. 더불어 사람은 외모보다 그 내면을 아름답게 가꿀 필요가 있다는 것을 말하고 있다.

두 작품 모두 단순한 유령의 이룰 수 없는 사랑 이야기라고 쉽게 생각할 수 있으나 사람에게 있어 진짜 중요한 것은 겉으로 보이는 것이 아니라 보이지 않는 내면이라는 것을 말하고 있다. 그러므로 외모보다 내면을 갈고 닦는 것이 중요하며 겉만 보고 쉽게 판단하지 말라는 메시지가 있다. 그리고 진정한 사랑은 상대를 놓줄 수 있는 아량이라는 것을 말하고 있다.

## 가스통 르루는 오페라 가르니에의 무엇에 매료되었을까?

오페라 가르니에 ⓒ위키디피아

오페라 가르니에(Opéra Garnier)는 가르니에 궁(Palais Garnier)으로 불리기도 하는데 프랑스 파리 9구 오페라 광장 북쪽 끝에 위치하고 2,200석을 수용할 수 있는 오페라 극장이다.

파리 오페라 극장(Opéra de Paris, Paris Opéra)으로도 알려져 있는데 샤를 가르니에가 신바로크 양식으로 설계한 건물로 당시 걸작 건축물 중 하나로 평가된다. 이 극장은 1875년 칙령하에 공식적으로 '음악 국립 아카데미-오페라 극장'(프랑스어: Académie Nationale de Musique-Théâtre de l'Opéra)으로 명명됐다. 이 명칭은 1978년까지 유지되었으나 이후 '파리 국립 오페라 극장'(프랑스어: Théâtre National de l'Opéra de Paris)으로 개명된다. 그러나 1989년 바스티유 오페라 극장의 완공으로 오페라단이 대표 극장으로 바스티유 오페라를 선택한 뒤에 가르니에 궁으로 다시 개명되었다. 다만 가르니에 궁의 정식 명칭인 '국립 음악무용 아카데미'가 여전히 극장 파사드 정면 기둥 위에 붙어 있다. 극장 이름도 바뀌고 오페라단도 바스티유 오페라로 재 이전하였음에도 불구하고 가르니에 궁은 여전히 많은 사람들에게 '파리 오페라'라는 이름으로 알려졌다.

오페라 가르니에 정면 상단에는 음악가의 얼굴 동상이 있는데 대표적으로 베토벤과 모차르트의 동상이 있다. 객석은 약 2,160석 정도이며 보조 의자가 40개 정도 있고 천장에는 마르크 샤갈의 천장화가 있다. 그리고 신바로크 양식의 샹들리에가 있다. 1896년에 이 샹들리에의 수평수가 떨어져서 이 샹들리에가 추락하는 사고가 있었다. 소설가 가스통 르루가 『오페라의 유령』이라는 소설을 쓰게 된 것은 아마도 이 사건을 모티브로 쓴 것이 아닌가한다.

두 가지의 뮤지컬 작품 속에서 어떤 계기로든 천장의 샹들리에가 떨어지게 된다. 오리지널 원작에 충실한 것은 앤드류 로이드 웨버의 작품으로 카를로타를 프리마돈나 자리에서 억지로라도 내려오게 만들기 위해 유령이 꾸민 사건에서 샹들리에가 떨어진다. 하지만 다른 작품인 〈팬텀〉에서는 오히려 크리스틴을 위기에서 구하기 위해 에릭, 그러니까 유령이 일부러 천장의 샹들리에를 떨어뜨린다. 어쨌든 두 작품 모두 이야기 속에서 오페라 극장의 천장에 달려있는 샹들리에가 떨어진다. 이를 보면 소설도 그렇고, 뮤지컬 작품도 그렇고, 실제와 허구 그 사이 어디쯤 위치하고 있음을 알게 된다.

"사람이 진짜로 가꾸고 돌봐야 하는 것은 외면이 아니라 내면이다. 더불어 사람을 평가할 때 외면적인 모습으로 평가하는 것이 아니라 그의 내면을 보고 그에 따라 판단할 필요가 있다. 우리는 요즘 너무 외면적인 모습만 보고 판단하고 있지는 않은지 생각해보자."

### 프리한 학예사의 체크체크

- ⊘ 프랑스의 벨에포크 시대의 분위기와 당시 유행했던 문화예술 작품에 무엇이 있는지 알아보자. 작품의 분위기와 이야기 전개의 당위성과 인물의 특성이 상징하는 것을 알 수 있다.
- ⊘ 19세기 전 세계적으로 재편되는 사회의 질서와 분위기를 알고 작품을 관람하면 더욱 작품에 몰입하며 인류가 인간성을 급속도로 잃어가기 시작한 이유를 알 수 있다.
- ⊘ '오페라 극장'이라는 공간이 가지고 있는 신비함과 그 속에 담긴 사람 인생의 희노애락을 작품을 보면서 느껴보자.

# 6장

## 사람은 무엇으로 사는가?

## 권력에 대한 집착이 낳은 복수의 뫼비우스 띠

# 〈맥베스〉

〈맥베스〉 포스터(2024)

## 복수가 복수를 낳는다

인류역사를 보면 권력의 정점에 있는 사람일수록 손에 피를 묻히는 경우가 많다. 이는 권력을 갖고 나면 빼앗기지 않으려 수단과 방법을 가리지 않기 때문이다. 그리고 이 과정에서 서로가 서로의 원수가 된다. 서로가 원수를 갚을 때 복수의 뫼비우스의 띠가 만들어진다. 그리고 한번 만들어진 복수의 뫼비우스 띠는 누군가가 끊어낼 때까지 복수가 무한으로 반복된다. 인간세상이 끝나지 않는 한 복수는 멈추지 않는다.

뮤지컬 〈맥베스〉에서 이런 진리가 잘 그려진다. 〈맥베스〉의 원작은 세익스피어의 희곡으로 스코틀랜드의 역사를 모티브로 하여 권력이 가지고 있는 전형적인 특징 및 특성들을 작품 속에 잘 녹아낸다. 피로 쟁취한 권력은 결국 피로서 권력을 잃게 된다는 사실이 그려진다. 더불어 피를 통해 쟁취한 권력은 불안한 권력이기에 권력을 향유하고 있어도 또 다른 이가 자기들처럼 권력을 자기들로부터 쟁취하지 않을까 하는 불안감이 항상 옆에 존재한다. 작품에서 맥베스와 맥버니가 권력을 쟁취한 뒤에도 누군가에게 자신들의 권력을 빼앗길까 두려워하는 심리가 잘 드러난다.

그리고 작품을 보면 한국사 속 여러 사건들이 오버랩된다. 특히 조카 단종의 왕위를 빼앗은 세조의 모습이 살짝 오버랩 되고 작품 마지막 부분에서 신라와 백제의 대야성 전투에서 대야성 내부의 한 병사가 사적인 감정으로 군사적인 기밀을 백제군에게 넘기고 나아가 성문을 열었던 에피소드가 순간 머릿속을 스친다.

이때 대야성의 성주는 김품석으로 김유신의 아들이며 성주 부인은 고타소로 바로 김춘추의 딸이다. 김품석과 고타소 부부는 이때 백제군에게 목숨을 잃게 된다. 죽임을 당한 부부의 시신은 백제군에 의해 머리가 잘리고 백제군은 부부의 머리를 백제 궁궐의 한 건물 밑에 묻어 놓고 밟고 다녔다고 한다. 백제군이 김품석 부부의 머리를 이렇게 한 것은 바로 전 세기에 있었던 신라군이 성왕의 머리를 베어 그 머리를 신라 정청 계단 밑에 묻어 밟고 다닌 것에 대한 복수였다. 한국사의 에피소드를 보면 복수가 복수를 낳았다는 것을 알 수 있다. 여기서 대야성 내부에 있던 병사가 백제군에게 기밀을 넘기고 성문을 열게 된 것은 김품석이 그 부하의 부인을 범했기 때문이다. 김품석은 자신의 권력으로 무마될 수 있을 거라 생각했겠지만 김품석의 그와 같은 행동은 아랫사람이 자신에게 복수심을 갖게 했고 이런 복수심이 중요한 순간에 발휘되어 신라 입장에서 비극적인 사건이 벌어졌다.

## 내려오기 어려운 권력이라는 괴물의 등

셰익스피어의 희곡이든, 뮤지컬이든, 맥베스는 '권력'이라는 괴물의 등에 타는 순간 그 괴물의 등에서 내려오는 것은 하늘의 별 따기와 같이 어렵다는 메시지를 전하고 있다. 작품은 스코틀랜드 왕실의 역사를 전면에 내세우며 모티브로 삼아 권력의 무자비함을 그리고 있다. 특히, 작품의 마지막 부분에서 맥더프가 배신자의 배신자인 시턴을 죽이고 군사를 일으킬 명분이 돼주었던 던컨 왕의 딸인 공주를 죽이는 모습을 통해 맥더프의 권력을 향한 진짜 속내를 알 수 있다.

맥더프에게 공주는 조카로 가족이지만 권력을 위해 조카를 무자비하게 죽인다. 맥더프는 조카인 공주까지 죽이며 권력이라는 괴물의 등에 올라탄다. 작품에서 맥더프는 맥베스와 달리 권력이라는 괴물의 등에 올라탔다고 하여 쟁취한 권력에 대한 불안감을 드러내지 않는다. 하지만 이야기가 계속되었다면 맥더프도 권력이라는 괴물의 등에서 쉽게 내려오지 못하고 자신이 맥베스와 조카인 공주에게 그러했던 것처럼 맥더프도 누군가의 칼로 인해 권력이라는 괴물의 등에서 내려올지도 모른다.

'맥베스'라는 작품은 원작이든 뮤지컬이든 권력에 대한 다양한 면모를 스코틀랜드 왕가의 이야기를 통해 보여준다. 무엇보다 권력을 쟁취하기 위해 하는 행동과 권력을 쟁취한 후에 하는 행동들을 통해 권력의 무자비함은 물론 한번 권력의 맛을 알게 되면 손아귀에 쥔 권력을 내려놓지 않기 위해 온갖 수단과 방법을 가리지 않음을 보여준다. 권력을 지키기 위해 자신의 권력을 빼앗아 갈 가능성이 있는 인물을 무자비하게 숙청하는 모습을 통해 이를 알 수 있다. 권력의 이러한 속성은 꼭 스코틀랜드의 왕실이 아니더라도 세상 그 어느 곳이든 존재하고 있다. 이와 같은 권력의 속성은 권력을 종종 괴물에 비유함으로 사람들에게 권력이란 경계하고 또 경계해야 한다고 말한다.

## 맥베스와 영국, 그리고 권력이라는 악마

'맥베스'가 스코틀랜드 왕실을 모티브로 한 것은 어쩌면 실제 역사적으로 스코틀랜드에 영국 본토의 토박이 민족인 켈트족의 후손들이 많이 살고 있고 무엇보다 한 지붕 아래 4가족 중 가장 영국

맥베스 포토존 ⓒ필자

다운 나라가 스코틀랜드라고 생각했기 때문이 아닐까? '맥베스'가 갖고 있는 권력의 특징은 세계 곳곳에 널려 있지만 원작의 작가가 영국의 셰익스피어이기에 영국 역사의 특징을 작품 속에 담아내고 싶었을지 모르겠다.

영국은 4개의 나라가 하나인 연합국이다. 영국이 지금과 같이

관람일 캐스팅보드(2024) ⓒ필자

되기까지의 역사를 살펴보면 작품 '맥베스'에 담긴 권력의 다양한 특성이 역사적 사건 곳곳에서 드러난다. 무엇보다 마키아벨리가 쓴『군주론』에 담긴 내용들이 곳곳에서 보인다. 작품에서 보이는 권력의 무자비함은『군주론』에 따르면 정당한 행동이다. 그리고 작품에서 맥베스의 3대가 현재 맥베스의 마음이 약해질 때마다 나타나 그를 독려하는 모습은 악마가 권력자에게 속삭이는듯하다. 특히 권력이라는 요물은 악마에게 영혼을 팔아서 가지고 싶은 만큼 간절한 것임을 말한다. 영국이 현재와 같은 상황으로 정립되기까지의 역사를 보면 권력이 가진 속성과 '권력'이라는 요물에 붙어 있는 악마에 현혹된 사람들이 많았음을 알 수 있다.

"세상엔 '해리포터의 마법사의 돌'과 같은 것이 생각보다 많다. 얻고 싶은 것이 있을 땐 오히려 반대로 행동해라. 그러면 얻을 것이다."

## 프리한 학예사의 체크체크

- 작품을 관람하기 전 <벌거벗은 세계사>의 '한 지붕 네 가족! 영국의 불편한 동거'편을 보고 가면 맥베스의 시대적 배경을 유추할 수 있다.
- 작품 보기 전 셰익스피어의 원작을 읽을 것을 추천한다. 작품이 만들어지면서 각색된 부분을 알 수 있고 그 부분이 작품을 어떻게 빛나게 하는지 느낄 수 있다.
- 마키아벨리 『군주론』의 내용을 알게 되면 작품에 대한 이해도가 높아지고 무엇보다 『군주론』에 담긴 모습은 어디든지 있음을 알 수 있다.

부모의 사랑을 받지 못한 남녀의 사랑

# 〈노트르담 드 파리〉

〈노트르담 드 파리〉 포스터(2024)

## 문화유산이자 일상의 그곳, 파리 시테섬의 노트르담 성당

2024년 12월 7일 프랑스 파리 시테섬의 노트르담 성당이 화마에 휩싸여
훼손된 지 5년 8개월 만에 복원 및 개장했다. 이날 기념식에서 뮤지컬 〈노
트르담 드 파리〉의 초연배우인 콰지모도의 가루가 뮤지컬 속 넘버인 '대성
당의 시대'를 불렀고 현재 에스메랄다를 열연하고 있는 엘하이 다니가 뮤

지컬 속 넘버인 '아베마리아'를 불렀다고 전해진다.

노트르담 성당은 프랑스에서 850여 년의 역사를 가진 유서 깊은 건축물로 문화유산이면서 현재도 많은 사람들이 찾는 곳이다. 더불어 현재에도 성당의 역할을 하는 곳으로 살아있는 문화유산이다. 유럽이나 미국과 같은 국가들의 문화유산 보존과 활용의 모습을 살펴보면 우리나라와 달리 문화유산 본래의 기능과 역할이 현재까지 내려오는 문화유산들이 다수 존재한다. 특히, 건축 문화유산의 경우 기능과 역할이 변해도 사용되는 문화유산이 많은 것을 알 수 있다.

이런 사례를 통해 한국, 중국, 일본의 동아시아 3국의 문화유산 보존과 활용을 비교해볼 수 있다. 부동산 형태의 문화유산의 경우 원래의 기능과 역할로 계속 사용되면 가장 좋겠지만 역할과 기능을 변화시켜서라도 건축 문화유산을 사용하고 있는 비율은 유럽이나 미국보다 낮다. 사찰과 같은 종교시설의 경우 대체적으로 본래의 역할과 기능이 현재까지 수행되는 경우가 많으나 사찰 터만 남아있는 곳도 많다.

역사와 문화유산에 대해 처음 공부할 때 한반도의 긴 역사에 비해 해외로 유출되고 도굴 및 도난으로 사라진 문화유산이 많았기에 문화유산의 활용보다는 보호와 보존이 더욱 중요하다고 생각했다. 하지만 시간이 흐르고 해외여행의 경험 속에서 각국의 문화유산 보존과 보호 활용의 모습을 실제로 접하면서 무조건적인 보존과 보호가 문화유산에 긍정적인 방향이라고 할 수 없음을 알게 됐다. 문화유산의 재질이나 용도 및 기능, 만들어진 시기 등에 따라 활용보다는 보존위주로 관리해야 하는 것이 있고, 본래 역할과 기능으로 보존과 활용을 동시에 해야 하는 것이 있으며, 기능과 역할을 변경시켜 보존과 활용해야 하는 것이 좋은 것이 있음을 알게 됐다.

작품의 모티브가 된 파리의 노트르담 성당은 프랑스 사람들에게 역사적으로 의미 있고 뜻 깊은 건축 문화유산이다. 이렇게 프랑스 사람들에게 소중하고 가치 있는 노트르담 성당이 지난 2019년 4월에 일어난 화재로 인해 성당의 많은 부분이 불에 타 사라졌다. 이때, 프랑스 사람들의 다수가 슬퍼하고 가슴 아파했다. 이 모습은 우리나라의 숭례문(일명 남대문)의 전각부가 어느 한 노인이 일으킨 화재로 소실되었을 때의 감정과 같았다. 그래서 프랑스도 노트르담 성당을 복원하기 위해 갖은 노력을 아끼지 않았는데 우리나라의 숭례문 복원 사례도 참고한 것으로 알고 있다. 이렇게 5년여의 시간이 흘러 성당 복원이 완료됐고 2024년 12월 7일경에 대중에게 성당이 다시 문을 열었다. 이렇게 프랑스와 우리나라 사이에 비슷한 경험을 공유해서인지 뮤지컬 〈노트르담 드 파리〉는 대중들에게 더욱 사랑받는 작품이 되었다.

## 유럽에서 성당의 의미와 역할

여행으로 가본 유럽의 나라는 상당히 적지만 세계사를 통해 유럽에서 성당의 의미와 역할을 살펴보면 성당은 그들의 일상에서 불가분의 관계에 있다. 무엇보다 그들 삶의 시작과 끝을 함께 한다. 유럽 성당의 대부분은 유서 깊은 문화유산으로 역사 속 유명한 인물들과 명망 있는 집안사람들의 무덤이 있다. 더불어 지금은 전문 분야로 자격이 있는 사람들이 행하는 서비스지만 중·근세 시기엔 대민 의료서비스를 받을 수 있는 곳이기도 했다. 과거에도 의사들은 있었지만 병원이나 의료원이 별도로 설치되지 않았기에 왕실이나 귀족의 경우 의사를 성으로 불러 의료 서비스를 받았지만 일반 평민들의 경우 성당에 의료서비스를 의존하는 경우가 많았다. 성당이 종교적인 역할을 하는 장소이자 대민 의료서비스를 행하는 장소로 인식된 것이다. 특히 성당은 종교적으로 절대자인 신이 신자들에게 무조건적인 사랑을 베푸는 장소로 일반적으로 인식되기에 '노트르담 성당'을 모티브로 만들어진 빅토르 위고의 소설과 뮤지컬 전체를 흐르는 중심 메시지와 감성 및 감정이 '사랑(Amor)'이다.

## 빅토르 위고의 소설 노트르담 드 파리, 그리고 뮤지컬

　유럽에서 성당은 사람들의 일상이자 인생의 처음과 끝을 맞이하는 장소다. 노트르담 성당이 프랑스 사람들에게 정신적 지주와 같은 건축 문화유산이기에 19세기 프랑스의 대문호 빅토르 위고가 노트르담 성당과 관련한 소설을 쓴 것이 아닐까 생각한다.

　뮤지컬로 만들어진 작품들 중에 그 원작이 빅토르 위고의 소설인 작품이 3가지가 있는데 그 중 많은 사람들에게 알려진 작품이 바로 〈노트르담 드 파리〉다. 작품 속에 등장하는 인물들을 보면 집시왕 클로팽, 그리고 여주인공 집시 에스메랄다, 노트르담 성당의 신부 프롤로, 그리고 프롤로와 함께

성당에 살고 있는 꼽추 콰지모도, 프랑스
의 기사 페뷔스, 그리고 그의 약혼자 플뢰
드리스, 그리고 이 작품의 해설자이자 작
품 속 주인공인 시인 그랭그와르가 있다.

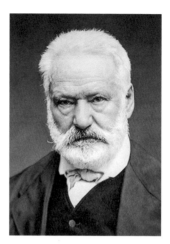

**빅토르 위고**

   이들은 당시 프랑스에 살고 있는 다양
한 신분 계층을 대표한다. 하지만, 대체적
으로 지배층보다는 피지배층에 속하는 사
람들이 주인공인 것을 알 수 있다. 빅토르
위고 소설의 특징이라고 할 수 있는데 뮤지컬로 제작된 그의 작품을 잘 살
펴보면 대체적으로 귀족이나 왕족, 부자들의 이야기보다 보통의 국민들 혹
은 시민들에 대한 이야기를 주로 서술하고 있다. 그리고 귀족이나 왕실, 왕
족들의 이야기를 하더라도 그 중심엔 항상 부와 권력이 거의 없는 보통의
시민들 국민들에 대한 이야기를 하고 있다.
   뮤지컬 〈노트르담 드 파리〉는 앞서 언급한 7인의 각 신분이나 계층을 대
표하는 인물들을 통해 신분이나 계층에 따라 달라지는 그들의 삶과 사랑을
그리고 있으며 주인공 '에스메랄다'를 향한 각 신분 혹은 계층의 남자들이
보여주는 사랑을 그린다. 작품 전체를 관통하는 가장 큰 주제이자 테마는
'사랑(Amor)'이다. 더불어 사랑을 가장한 인간의 추악함을 보여준다. 그리
고 전근대 신분제 사회에서 어디를 가도 배척당하는 '이방인'의 모습이 작품
속에서 적나라하게 표현된다. 넘버 속에도 잘 녹아있는 이방인이자 떠돌이

신분인 집시들의 삶! 그들은 사람이지만 세상은 그들을 사람으로 보지 않는 그런 삶을 살고 있다. 그런 그들에게 가장 필요한 것은 그들의 평온한 안식처 곧, 아지트다. 그래서 가사에 안식처를 의미하는 '아지르'가 있다.

작품의 남주인 꼽추 콰지모도와 여주인 집시 에스메랄다는 이 작품에 나오는 인물들 간의 사랑 중에서 가장 순수한 사랑을 하는 인물들로 이들이 하는 사랑이 바로 플라토닉적 사랑이다. 그리고 집시왕인 클로팽이 에스메랄다를 사랑하는 것은 아가페적 사랑이며 기사인 페뷔스와 신부인 프롤로가 에스메랄다를 향해 품고 있는 사랑은 에로스적인 사랑으로 사랑의 종류 중에 가장 하급의 사랑이다. 에로스적인 사랑은 본능적이며 욕망적인 사랑으로 인류가 종족 번식을 위해 사용하는 사랑이기도 하지만 작품에서는 가장 하급의 사랑으로 그려진다.

클로팽의 에스메랄다를 향한 아가페적인 사랑은 어릴 적 고아가 된 에스메랄다를 클로팽이 거둬 기르면서 서로 간에 쌓인 사랑으로 일반적인 부모와 자식 간의 사랑이라고 할 수 있다. 이는 전(前)세대가 후속세대를 키우는 어머니의 사랑을 의미한다. 작품 속엔 아가페적 사랑의 관계가 하나 더 있다. 바로 프롤로와 콰지모도의 관계다. 둘의 관계는 아가페적 사랑의 관계라기보다 주인이 종을 보살피는 주종관계에 더욱 가깝다. 그러기에 진정한 아가페적 사랑관계는 클로팽과 에스메랄다의 관계다.

페뷔스와 플뢰드리스의 사랑은 플라토닉적 사랑으로 보이지만 플라토닉적 사랑을 가장한 욕망과 목적이 가득한 정략적인 사랑의 관계다. 그러기에 페뷔스는 에로스적 사랑으로 에스메랄다를 갈망하지만 현실적으로 자신이 있어야 할 곳은 플뢰드리스의 품이라는 것을 알고 있는 전형적으로 현실의 이익을 고려한 사랑을 선택하는 인물이다. 에스메랄다의 페뷔스를 향한 사랑은 세상물정을 알지 못하는 어린 소녀의 플라토닉적 사랑이다. 그러나 에스메랄다는 프롤로의 계략으로 인해 결과적으로 갈망하던 페뷔스의 사랑을 잃었다. 대신 자신을 아무 목적 없이 사랑해주는 콰지모도의 진심을 알게 되고 콰지모도의 도움으로 감옥에서 탈출하지만 형장의 이슬로 세상을 떠나게 된다. 이 작품의 마지막은 콰지모도가 에스메랄다의 시신을 안고 노트르담 성당을 떠나는 것으로 끝난다.

이 작품은 사랑의 다양한 양상과 함께 사람의 진정한 아름다움이 무엇인지에 대해서도 말하고 있다. 더불어 인간은 아름다움을 추구하나 실질적으로 아름다움보다는 추함을 가지고 있는 사람들이 많다는 메시지가 담겨 있다. 콰지모도는 외면의 추함으로 인해 부모로부터 버려지고 노트르담 성당의 종지기로 키워져 자신에게 주어진 일을 해나간다. 그러다가 성당이 있는 시테섬으로 온 집시들 중 에스메랄다를 봤고 그녀에게 매력을 느낀다.

하지만 자신 외면의 추함으로 인해 쉽게 다가가지 못하고 우연한 기회로 에스메랄다와 서로 이야기를 하게 되며 에스메랄다도 콰지모도 외면의 추함보다 내면의 아름다움을 보게 된다. 그리고 세상으로부터 느끼게 된 배신감을 콰지모도의 사랑으로 점점 치유해나간다. 에스메랄다가 마지막까지 페뷔스에 대한 사랑을 갈구하지만 결과적으로 에스메랄다를 끝까지 지켜주는 사랑의 상대는 콰지모도다. 외면이 추하다고 그 내면까지 추하지 않으며 외면과 달리 진정한 아름다움을 품고 있을 수 있다는 것을 보여준

다. 빅토르 위고가 이 작품을 통
해 말하고자 했던 것이 외면의 추
함도 그저 겉보기일뿐 그 사람의
진정한 아름다움은 내면에 있다
는 것이지 않을까? 노트르담 성
당은 종교적으로 신성한 공간이

관람일 캐스팅보드 ⓒ필자

지만 신이 인간에게 원하는 한 가지는 〈노트르담 드 파리〉 속에 나오는 진
정한 사랑을 하는 내면이 아름다운 사람으로 거듭나는 것이다. 그렇게 전
세계적으로 인류애가 넘쳐날 때 세상은 더욱 좋아질 거라는 말한다.

## 파리 노트르담 대성당 증강현실 특별전-국립고궁박물관

전시모습(2024) ⓒ필자

지난 2024년 여름, 국립고궁박물관에서 열렸던 〈파리 노트르담 대성당 증강현실 특별전〉이 열렸다. 이 전시는 12월에 재개관되는 노트르담 대성당의 역사를 알 수 있게 구성된 전시였다. 더불어 증강현실은 태블릿에 설치된 전시를 즐길 수 있도록 만들어진 콘텐츠를 말하는 것으로, 증강현실 콘텐츠를 통해 전시도 관람하고 체험도 할 수 있는 전시였다.

이 증강현실 콘텐츠는 프랑스(유럽)의 한 회사가 제작한 것으로, 전시에 대한 정보와 함께 교육적인 측면도 강하다. 필자가 보기에 남녀노소 누구나 좋아할 게임을 활용한 교육 콘텐츠다. 전시기간 대부분 게임을 완료하여 성공하면 사은품을 제공했었는데 이렇게 게임 완료자에 대한 보상이 있을 때가 확실히 없을 때보다 동기부여가 더 되는 느낌을 받았다. 증강현실 콘텐츠는 세계 여러 나라에서 사용된다. 다양한 언어로 제공되고 있는데 이번에 국립고궁박물관에서 전시가 열릴 때 한국어로 제공되는 콘텐츠로 즐겁게 전시를 즐길 수 있었다.

무엇보다 전시를 통해 노트르담 대성당의 860년 역사를 알 수 있었다. 더불어 유럽 사람들에게 노트르담 대성당이 가지고 있는 역사적 의미와 가치를 본 전시를 통해 조금이나마 들여다볼 수 있었다. 시간이 지나면서 조금씩 변모한 노트르담 대성당을 보면서 이 세상엔 영원한 것은 거의 없고 항상 법고창신(法古創新)이 작용하여 새로운 전통과 역사가 써진다는 것을 알게 됐다. 그리고 빅토르 위고가 노트르담 대성당을 작품의 모티브로 삼은 이유가 성당 건물 곳곳에 녹아있음을 깨달았다.

노트르담 대성당은 '우리의 귀부인', 즉, 성모 마리아에게 헌정하는 성당이라는 뜻을 가지고 있다. 프랑스의 고딕 건축을 대표하는 건축물로 1160년부터 건설을 시작하여 약 300년에 걸쳐 지어졌다. 그리고 현재에 이르기까지 개조와 파괴, 복원을 거쳐 그 모습이 조금씩 변했다. 노트르담 대성당의 아름다움은 이곳, 저곳에서 살펴볼 수 있는데 장미창과 더불어 가고일 석상과 같은 건물을 장식하는 조각상들이 있다. 성당은 14세기에 완공되었으나 16~18세기에 프랑스에서 발생한 개혁과 혁명이 노트르담 대성당을 파괴했다. 16세기에 일어난 종교개혁과 18세기말에 일어난 프랑스 혁명으로 성당의 여러 곳이 파괴됐다. 하지만 19세기 초 나폴레옹의 대관식이 열리면서 대성당으로서의 종교적 권위와 기능을 회복했고 19세기 중후반쯤 비올레 르 뒤크를 중심으로 대성당이 재건된다. 그렇게 현대까지 이어오다가 2019년 화재로 많이 훼손되었고 이번 2024년 12월 7일경 복원 후 재개관했다. 노트르담 대성당은 프랑스인들에게 일상이자 삶이다.

"사람이 어린 시절에 부모로부터 받는 사랑은 성인이 된 후 자신의 삶을 씩씩하고 당당하게 헤쳐나갈 수 있는 자신감의 근원이다. 지금 우리 아이들에게 가장 필요한 것은 진정한 부모의 사랑이 아닐까?"

## 프리한 학예사의 체크체크

- ⊘ 노트르담 대성당이 프랑스인들에게 어떤 의미인지 알고 작품을 감상하면 작품에 대한 이해도가 높아질 것이다.

- ⊘ 작품 관람 전후로 빅토르 위고의 원작 소설 『노트르담 드 파리』를 한번 읽어보면 작품의 이해도를 높일 수 있다.

- ⊘ 작품과 관련된 애니메이션 <노틀담의 꼽추>를 보고 뮤지컬과 비교해보는 재미가 있다.

### 세상을 바라보는 진정한 눈을 떠라
# 〈웃는 남자〉

〈웃는 남자〉 포스터(2025)

## 부와 명예보다 사람으로 사는 길

이 작품의 원작은 빅토르 위고가 쓴 소설로 작품의 제목과 같은 『웃는 남자』다. 작품과 원작의 제목이 웃는 남자인 이유는 17세기~18세기, '콘푸라치코스'라는 한 집단이 납치한 한 아이의 얼굴에 난도질을 했는데 그 모습이 웃는 남자였기에 제목이 웃는 남자가 된 것이다. 작품에서 웃는 남자로 불리는 사람은 본래 귀족이었으나 콘푸라치코스에 잡혀 얼굴이 그와 같이 흉측해졌고 자신이 가져야 할 모든 것을 빼앗기게 됐다. 작품에서 후반부에 이 일이 누구 때문에 벌어진 것인지 나오게 된다.

웃는 남자는 콘푸라치코스로 인해 자신의 것을 한순간에 빼앗기게 되고 유랑극단의 삶을 살게 된다. 그러던 어느 날 웃는 남자인 그윈플렌은 자신의 진짜 정체가 무엇인지 알게 되고 빼앗겼던 모든 것을 되찾는다. 그윈플렌은 자신의 것을 되찾은 후 그동안 자신을 키워준 양아버지와 데아, 극단 식구들이 힘들게 살지 않도록 하고 싶어 한다. 하지만 그윈플렌이 원래 속했던 귀족사회는 너무 부패했다. 가난한 사람들의 삶은 전혀 생각하지 않고 그저 자신들의 배만 불리기에 바빴다.

그윈플렌이자 클랜찰리 공작의 후손인 웃는 남자는 이런 상황이 너무 싫었다. 그래서 자신이 되찾은 모든 것을 포기하고 자신을 키워준 양아버지와 데아가 있는 극단으로 돌아간다. 작품의 하이라이트로 상위 1%에 있는 여왕과 귀족들에 대해 환멸을 느끼면서 부르는 넘버인 '눈을 떠'는 웃는 남자의 많은 넘버들 중 최고의 넘버다.

그윈플렌이 다시 유랑극단으로 돌아갔을 때 함께 자란 여동생인 데아가 위독했다. 그윈플렌이 돌아오면서 좋아지는 듯 했으나 데아는 결국 세상을 떠난다. 이에 그윈플렌은 데아의 시신을 안고 유랑극단을 떠난다. 그윈플렌은 되찾았던 신분과 재산을 모두 포기하고 유랑극단으로 돌아왔으나 그가 유랑극단에서 살아갈 이유가 사라졌기에 그는 떠났다.

작품의 하이라이트 넘버를 통해 작품이 내세우는 표어의 뜻을 유추할 수 있다. 부자들의 삶은 가난한 사람들의 비참한 삶을 통해 만들어진다는 뜻이다. 더불어 부자들은 가난한 자들을 전혀 신경 쓰지 않으며 그저 가난한 자들이 부자들을 숭배하고 경배해야 한다고 생각하는 당시의 생각을 풍자하는 의미도 있다. 가진 자들은 그들이 가진 것을 빼앗기지 않기 위해 물불을 가리지 않는다는 사실도 함께 알 수 있다.

　작품에서 그윈플렌이 자신의 신분과 부를 빼앗긴 이유는 클랜찰리경의 사생아였던 데이빗이 자신의 미래를 위해 상속권을 가진 정처 소생의 아들을 콘프란치코스에게 돈을 받고 팔았기 때문이다. 그리고 그윈플렌이 원래 자신의 신분과 부를 되찾을 수 있었던 것은 콘프란치코스가 그윈플렌을 버리고 도망갈 때 바다에서 침몰하면서 그들이 남긴 병속에 담긴 문서 때문이다. 아이들에게 잔인한 짓을 많이 했기에 콘프란치코스는 결국 천벌을 통해 바다에서 죽었다. 그윈플렌이 되찾은 신분과 부를 포기할 수 있었던 이유는 세상에서 중요한 것이 돈보다는 사람이라는 사실을 알고 있었기 때문이다.

　현대사회를 보면 그윈플렌과 같은 사람이 너무 없다. 모두가 작품에서 보이는 상위 1%의 사람들과 같은 성향의 사람들뿐이다. 그래서 세상이 점점 살기 어려워지는지도 모르겠다. 사람이 사람을 중요하게 소중하게 생각하지 않고 오직 물질적인 돈과 재화를 소중히 여긴다. 본 작품은 이런 세태를 풍자하기 위해 만들어졌다. 더불어 빅토르 위고가 살았던 혼란스러운 시기의 모습도 함께 담겨 있다. 그가 살았던 시기는 19세기로 산업혁명이후 점점 인간성이 타락해가는 시기였다.

## 어린이가 어린이로 살 수 없었던 시간

작품에서 말하는 메시지는 다양하지만 그중에서 어린이의 인권에 대한 메시지에 초점을 맞춰본다. 그윈플렌은 귀족집안의 아이로 태어났지만 그 집안의 신분과 부를 노린 집안의 사생아에 의해 어린이들에게 잔인한 행위를 하는 집단인 '콘푸라치코스'에 팔려 간다. 작품의 배경이 17세기 말~ 18세기 초인 것을 감안할 때 아직도 어린아이들에게 인권이 없는 시기임을 알 수 있다. 그리고 어린이가 어른들로부터 존중받고 세상에 존재하는 한 사람으로서 당당하게 살 수 있게 된 것이 그리 오래되지 않았음을 알 수 있다.

작품은 그윈플렌을 중심으로 그려지지만 데아의 삶에 초점을 맞춰 생각해보면 어린이들은 어떤 가정의 아이로 태어나느냐에 따라 그 삶이 천지차이로 다름을 알 수 있다. 무엇보다 귀족집안이나 부잣집에 태어나지 못하면 사람답게 살 수 없는 것은 당연하고 그 목숨을 부지하는 것 자체가 어려운 삶을 산다. 한국도 그렇지만 전 세계적으로 어린이들은 오랫동안 한 사람으로 인정받지 못했다. 무엇보다 태어난 가정의 상황에 따라 어릴 때부터 비참한 생활을 할 수 밖에 없다. 그리고 어릴 때부터 범죄에 노출될 가능성이 높다. 데아의 삶을 보면 양아버지와 그윈플렌의 노력으로 어렵고 힘든 상황 속에서 그만큼 살 수 있었다. 그리고 전근대사회의 어린이와 마찬가지로 사회적 약자였던 여성으로 장애를 가지고 그만큼 살 수 있었던 것은 양아버지와 양 오빠 그윈플렌 그리고 유랑극단 사람들 덕분이었다.

## 또 다른 차별받는 어린이, 사생아

이 작품에서는 부유한자와 가난한자들의 삶에 대해 그리기도 하고 어린 아이들의 인권과 삶에 대해 다룬다. 더불어 작품에서 크게 부각되지는 않지만 조시아나 여공작과 데이빗이 귀족사회에서 보통 귀족들과 다르게 차별받는 이유인 사생아에 대해 말한다.

'사생아'라는 신분은 우리 한국사회에서는 살짝 낯선 신분이다. 하지만 유럽에서는 오랫동안 있었고 지금도 사생아라는 꼬리표를 달고 사는 사람들도 많다. 사생아는 일반적으로 축복받지 못한 탄생으로 정식으로 인정된 혼인 관계가 아닌 비밀스러운 관계 사이에서 태어난 아이를 말한다. 사생아들 중에는 무국적자들도 많고 무엇보다 비밀스러운 관계 사이에서 태어났기에 제대로 된 부모의 사랑을 받지 못한다. 그리고 성장 과정에서도 다른 보통의 아이들과 다르게 어려운 점이 있는 경우가 많다. 지금은 상황이 많이 나아졌지만 사생아라는 신분이 사람에 따라 인생의 장애 요인으로 발현되는 경우도 있다.

이러한 사례에서 우리는 나와 다른 존재에 대해 너무 부정적인 시각으로 보고 판단하고 있는 것은 아닌지 하는 생각이 든다. 지금까지 살면서 나와 다른 존재에 대해 이유 없이 차별하고 욕하고 비판하면서 상대방의 다름이 잘못된 것으로 우리와는 어울릴 수 없는 존재라고 낙인을 찍어버리는 상황을 많이 접하고 목격했다. 작품을 통해 우리가 잊고 있었던 우리의 잘못을 깨닫고 그러한 잘못을 고치려 노력할 수 있는 기회를 얻었으면 한다.

"사람의 삶에서 중요한 것은 물질이 아니라 사람이 사람으로서 가져야 할 마음가짐을 알고 이를 삶에서 실천하는 것이다."

## 프리한 학예사의 체크체크

- ⊘ 우리가 생각하는 것보다 어린이들이 사람으로 존중받기 시작한 시간이 오래 되지 않았음을 생각하며 한반도가 가장 빨리 어린이를 한 사람으로 존중하기 시작했음을 알자.
- ⊘ 유럽의 절대왕정과 귀족들의 생활에 대해 작품을 보면서 생각해보자.
- ⊘ 빅토르 위고의 원작 소설 『웃는 남자』를 작품관람 전후로 읽어보고 본 작품에서 강조하고 있는 사실이 무엇인지 생각해보자.
- ⊘ 작품에 그려지는 경제적인 양극화의 모습과 현재의 양극화를 비교해보자.

## 사람답게 살고 싶었던 그들의 목소리

# 〈레미제라블〉

〈레미제라블〉 포스터(2024)

## Les Miserables(불쌍한 사람들), 혼란스러운 프랑스의 100년

이 작품은 빅토르 위고의 동명 소설을 원작으로 하고 있다. 빅토르 위고가 살았던 시기가 바로 프랑스의 19세기로 프랑스 역사에서 어쩌면 가장 혼란스러운 100년 속에서 빅토르 위고가 살았다. 그래서 작품에서 그려지는 사람들의 계급이 대체로 피지배층 중에서 하층민에 속하는 계급의 사람들이다. 작품의 주인공인 장발장도 본래 가난한 집의 가장으로 그가 도둑질을 할 수 밖에 없었던 이유가 그의 신분에서부터 나타난다. 더욱이 장발장이 살아가던 나라가 프랑스로 100년 동안 끊임없이 혁명이 일어나면서 사회적으로 혼란스러운 시기였기에 하층민일수록 살기 힘들었다.

'Les Miserables'란 단어는 '불쌍한 사람들'이란 뜻으로 역사적으로 혁명으로 혼란스러운 100년의 시간을 보낸 프랑스 사람들을 의미하는 말이다. 작품에서 그려지는 장발장의 인생뿐만 아니라 장발장의 양녀인 코제트, 테나르디에 부부의 딸인 에포닌의 인생은 혼란스러운 100년의 시간을 보낸 프랑스 사람들의 삶을 대변하고 있다.

프랑스의 19세기는 공화정으로 시작해서 공화정으로 끝나는데, 중간 중간에 왕정이 다시 들어섰다가 사라지고 때론 통령정부가 세워지면서 도무지 정치체계가 정착이 되지 않는 혼란스러운 시간이었다. 이 과정에서 지속적으로 혁명이 일어났는데 뮤지컬 〈레미제라블〉에서는 19세기 초반에 일어났던 혁명을 클라이막스의 사건으로 그리고 있다. 특히, 1832년에 있었던 6월 혁명을 그리고 있는데 이때, 어린 소년도 정부군이 쏜 총에 맞아 세상을 떠난다. 빅토르 위고의 소설을 보면 과거에 있었던 역사적 사실에 허구를 가미하여 이야기를 쓴다. 또한 그가 살았던 시대를 잘 보여주는 이야기를 저술하기도 한다. 레미제라블이 그러한 작품이다.

뮤지컬 〈레미제라블〉에서 코제트의 친엄마로 남편이 세상을 떠나고 홀로 코제트를 키우기 어려워 코제트를 테라르디에 부부에게 맡기고 매달 일정 금액을 그들에게 보내주는 생활을 하는 판틴을 보면 19세기 산업혁명

시대의 여성들의 삶에 대해 깊이 생각해보게 된다. 무엇보다 여성들이 역사적으로 남성에 비해 차별대우를 받아왔고 지금도 계속되는 차별은 우리 주변에서 알게 모르게 작용함을 알 수 있다. 인류 역사를 통 털어서 여성의 권위가 남성을 앞서갔던 적은 모계 중심사회 이후 단 한 번도 없었다. 서구의 역사에서도 그렇지만 한국사에서 고려시대 여성들이 권위가 있었다고 하지만 그도 다른 시대의 여성보다 조금 더 있었던 정도이지 남성의 권위를 앞서진 못했다.

판틴은 그녀의 딸 코제트를 어떻게든 잘 키워보려다 일하던 공장에서 해고되면서 앞으로 살아갈 것이 막막해지자 돈을 벌 수 있는 것이라면 모든 일을 하다가 결국 건강이 안 좋아져 세상을 떠난다. 이런 판틴의 마지막 순간을 지킨 것이 신분을 위장한 장발장으로 당시 판틴이 살던 도시의 시장이었다. 판틴은 장발장에게 자신의 딸 코제트를 부탁하고 장발장은 판틴의 소원대로 코제트를 양녀로 들여 키운다. 이렇게 코제트는 어머니 판틴의 희생으로 잠시 불우한 어린 시절을 보냈지만 장발장을 만난 후부터는 남부럽지 않은 생활을 한다.

반면, 테나르디에 부부의 딸인 에포닌은 보고 자란 것이 부부의 악행이었기에 그녀도 거리를 떠돌며 온갖 악행을 일삼는 삶을 살고 있다. 하지만, 에포닌이 좋아하는 남자가 있었는데 그는 혁명에 적극적으로 가담하려는 젊은 청년이었다. 세상이 너무 혼란스러워 살기 힘들어지자 부르봉 왕가를 무너뜨린 최초의 혁명이 일어났듯이 현재의 상황을 타개하기 위한 또 다른 혁명을 준비하고 있었던 청년이다. 그의 이름은 마리우스로 코제트의 남편이 된다.

장발장은 코제트의 인생에 있어
서 두 번이나 그녀를 구하는데 첫
번째는 어린 그녀를 테나르디에
부부의 손아귀에서 빠져나올 수
있도록 한 것이며 두 번째는 그녀
의 결혼 상대였던 마리우스를 혁

**관람일 캐스팅보드 ⓒ필자**

명의 소용돌이 속에서 구한 것이다. 장발장이 마리우스를 구하지 않았다면
그도 다른 혁명군과 같이 정부군의 총에 목숨을 잃었을 것이다. 그리고 마
리우스는 에포닌의 도움도 받는데 이는 에포닌이 마리우스를 사랑했기에
가능했다. 더불어 에포닌의 사랑이 플라토닉적 사랑이었기에 가능했는데
결과적으로 에포닌은 자신의 사랑을 다른 여인에게 보내게 됐다. 어쨌든,
19세기를 살았던 프랑스 사람들은 혼란스럽고 힘든 시간을 보냈음을 작품
을 통해 알 수 있다.

## 정치체제의 박물관, 프랑스의 19세기

프랑스의 19세기에 세워졌던 정치체를 살펴보면, 공화정, 황제정, 왕정,
통령정부로 압축할 수 있는데 공화정에서 황제정으로 다시 왕정으로 공화
정으로 통령정부로 공화정으로 무정부 체제로 변해갔고 결국 정치체제의
변화 속에서 그 결말은 공화정으로 끝난다. 이를 통해 프랑스 역사에서 19

세기는 정치체제의 박물관임을 알 수 있다. 무엇보다 그러한 혼란스러운 시대를 살다 간 프랑스 사람들에게 '레미제라블'은 그들의 노고를 조금이라도 위로하는 한 편의 멋진 작품이다.

현재, 프랑스 파리의 몽마르뜨 언덕에 프랑스의 19세기, 정부군에 의해 희생된 시민들이자 국민들을 기리고 그러한 역사를 잊지 않기 위해 한 성당이 세워져있다. 사크레쾨르 대성당이다. 이 성당은 파리 코뮌의 상징으로 정부 없이 국민들의 손으로 나라를 운영하려 했던 역사적 사실을 기념하고 알리고 있다.

**"비록 작은 것이어도 그 속엔 거인의 힘이 들어 있을 수 있다. 사람에게는 위기를 극복할 수 있는 힘이 있다. 인생에 위기가 닥치더라도 쫄지 말고 당당하게 헤쳐나가길 바란다."**

### 프리한 학예사의 체크체크

- ⊘ 『레미제라블』 원작 소설을 읽고 작품을 보면 빅토르 위고의 서술 스타일을 알 수 있다.
- ⊘ 작품 보기 전 영화 <레미제라블>과 <벌거벗은 세계사> '혁명의 나라 프랑스는 왜 신생제국 독일에 무너졌나?' 편을 보면 작품을 더욱 깊이 이해할 수 있다.
- ⊘ 프랑스가 혁명의 나라가 된 이유를 작품을 관람하며 생각해보고 그들은 무엇 때문에 혁명을 했고 그를 통해 얻은 것은 무엇인지 생각해보자.

## 선을 넘은 인간이 마주한 참혹한 현실

# 〈프랑켄슈타인〉

〈프랑켄슈타인〉 포스터(2024)

## 인체의 신비인가? 인간의 자만인가?

이 작품의 원작 소설은 메리셸리의 동명 소설로 과학이 크게 발전하던 시대의 이야기를 담고 있다. 작품에서 중심으로 다루고 있는 것은 사람의 생과 사이며 무엇보다 '죽은 사람을 되살릴 수 있는가?'이다. 작품에서 프랑켄슈타인 가문의 도련님인 빅터가 흑사병으로 어머니를 잃게 되면서 어머니를 되살리겠다는 일념을 통해 사람을 되살리는 의료기술을 연구하고 이렇게 쌓인 빅터의 노하우는 전쟁에서 유용하게 사용된다. 그리고 전쟁에서 빅터가 연구를 할 수 있도록 논문을 써준 사람이 있었는데 그가 작품에서 전쟁에서 만난 친구로 나오는 앙리 뒤프레다. 앙리가 쓴 인체 봉합 술에 대한 논문으로 빅터는 사람의 신체 봉합을 통해 종국엔 죽음 사람을 되살리는 실험을 이어간다. 어린 시절의 꿈을 이루려 하는 것이다.

하지만, 전쟁이 생각보다 일찍 끝나면서 빅터는 다시 집으로 돌아오게 된다. 그리고 오랫동안 봉인돼 있었던 집의 문을 열고 들어가 죽은 사람을 되살리는 연구를 계속한다. 이런 와중에 함께 집에 온 친구 앙리는 빅터의 살인죄를 대신 뒤집어쓰고 단두대의 이슬로 세상을 떠난다. 빅터는 앙리에 대한 죄책감과 함께 죽은 사람을 살리는 실험을 앙리의 머리를 통해 한다. 그 결과로 탄생한 것이 '크리쳐'라는 우리에게는 프랑켄슈타인으로 알려진 괴물이다. 빅터는 이 괴물을 친구인 앙리로 착각하듯이 그려진다.

빅터는 초기 단계지만 인체 봉합술을 통해 죽은 사람에게 생명을 불어넣는 실험을 1차적으로 성공한다. 하지만, 이 크리쳐는 태어나자마자 사람을 죽이게 되고 빅터가 이에 놀라 크리쳐를 죽이려 하자 크리쳐는 자신의 의지로 빅터로부터 도망친다. 그리고 세상의 혹독함을 느끼고 경험한다. 이렇게 혹독한 세상을 겪은 크리쳐는 자신을 이렇게 만든 빅터에게 자신이 당한 만큼 복수하기로 결심한다.

크리쳐가 실험실을 나가 도망간 이후 빅터는 이 일을 잊고 주변의 우려를 불식시키며 철이 든 생활을 한다. 오랫동안 유예됐던 사촌 여동생과의 결혼도 한다. 하지만, 이러한 기쁨도 잠시 빅터가 잊고 있던 크리쳐가 돌아온다. 그러면서 빅터는 잊고 있던 크리쳐에 대해 기억하게 되고 그제서야 크리쳐가 자신이 알던 앙리가 아니라는 것을 깨닫는다. 그렇게 크리쳐는 빅터가 사랑하는 주변사람들을 하나씩 죽여가며 빅터에게 크나큰 고통을 가져다준다. 그리고 마지막엔 사람이 없는 북극에서 최후의 전투를 치른다.

크리쳐가 빅터를 죽일 것이라 생각했는데 오히려 크리쳐가 빅터에게 자신을 죽여달라고 한다. 뮤지컬 〈프랑켄슈타인〉이 원작과 다른 점 중에 하나가 이것이다. 작품의 마지막에서 크리쳐는 자신을 만든 창조주인 빅터에게 자신의 생명을 끊어달라고 요구한다. 그래서 크리쳐는 빅터의 손에 의해 생명을 잃게 되고 빅터는 그 옆에서 얼마 후 세상을 떠난다.

작품의 원작 소설은 과학이 발전하던 시기에 쓰였다. 그래서 과학과 의학을 주제로 하고 있다. 인간이 과학을 통해 신의 영역을 침범하려 하는 것에 대한 일종의 경고가 담긴 이야기다. 빅터가 형장의 이슬로 세상을 떠난 친구 앙리의 머리를 수습하여 새로운 생명체, 인간과 닮은 생명체를 만들어내고 이 생명체로 인해 빅터에게 소중한 사람들이 세상을 떠나는 장면을 통해 인간이 신의 영역을 침범하려 하는 모습을 볼 수 있다. 그리고 인간의 그러한 자만심에 신이 경고를 내리고 있는 작품이다. 생명은 절대로 인간에 의해 창조될 수 없으며 그러기에 생명은 그 자체로 소중하고 존중받아야 할 존재라는 것을 말한다.

설령, 인간이 인간과 닮은 한 생명체를 만들어낸다고 해도 그 생명체의

정체가 무엇이며 그 생명체에 인
격이 있다고 할 수 있는지가 명확
하게 규정되지 않고 법적으로 그
러한 생명체를 규정할 수 있는 체
계가 마련되지 않은 상황에서 그
러한 생명체를 만들어내는 것은
사회적으로 큰 혼란으로 가져올
수 있다.

관람일 캐스팅보드 ⓒ필자

## 사람이란 무엇인가?

이 작품에서 그려지는 이야기를 통해 '우리는 과연 사람이란 무엇인가?'
에 대한 답을 철학적으로 찾아볼 수 있다. 무엇보다 사람을 닮은 생명체라
고 해도 인간이 인위적으로 만들어낸 생명체라면 '인격을 부여할 수 있는
가? 인간과 같이 법과 규율을 통해 규정을 하고 함께 공존할 수 있는가?'에
대해 생각할 때 그럴 수 없다는 사실을 쉽게 깨달을 수 있다. 사람은 단순
한 생명체가 아니며 무엇보다 사회적인 존재이며 사회에 녹아들 수 없다면
사람으로서 누려야 할 권리를 누릴 수 없고 사람답게 삶을 살 수 없다고 말
한다.

그렇다면 사람이란 무엇일까? 이에 대한 답을 하기는 매우 어렵다. 하지
만, 사람은 태어나면서부터 인격을 부여받고 자신의 의지에 따라 삶을 선

택할 수 있는 존재다. 더불어 법과 규율이라는 사회적인 질서 아래서 생활할 수 있는 생명체다. 사람은 언어를 습득할 수 있고 습득한 언어를 통해 의사소통을 하며 자신의 의지에 따라 자신의 삶을 더욱 나은 방향으로 이끌 수 있는 존재다.

작품에서 크리쳐는 삶에 대한 의지와 열망이 보이지 않는다. 다만, 생명을 가진 생명체로 살아남아야 했기에 그저 살기 위해 자신이 처한 상황을 헤쳐나가는 것으로 그려진다. 빅터에 대해 복수를 할 때와 북극에서 빅터에게 자신의 생명을 거둬달라고 부탁할 때는 사람의 이성이 작용하는 듯하다. 하지만 그렇다고 크리쳐에게 이성이 있다고 볼 수는 없다.

작품에서 그려지는 크리쳐의 모습을 통해 크리쳐가 사람의 모습을 하고 있지만 사람과는 다른 생명체이며 인위적으로 만들어진 생명체이기에 결코 사람이 아님을 말하고 있다. 무엇보다 이성적인 판단이 어렵기 때문에 크리쳐를 사람이라고 할 수 없다. 사람은 본능을 절제할 수 있는 능력이 있지만 크리쳐는 그의 본능을 절제하는 것이 쉽지 않다. 사람도 동물로 분류되기는 하지만 크리쳐는 사람이라고 할 수 있는 사람의 특성을 대부분 가지고 있지 못하다. 설령 가졌다고 하더라도 발현되는 모습이 사람으로는 볼 수 없을 정도다. 그저 한 생명체로서 본능과 감정에 충실하게 살기 위해 때때로 사람이 가진 능력을 일부 발현시키는 것이다.

최근 본 작품을 보기 전에 어느 프로그램에서 장기이식이 가져다준 놀라운 현상에 대해 다루었는데 그중에서 작품과 비슷하게 사람의 머리 혹은 뇌를 이식했는데 이식하기 전과 후에 다른 사람이 되었다는 사례를 보면서 사람의 정체성과 각기 다른 인격을 규정하는데 큰 영향을 미치는 것은 바로 사람이 가지고 있는 다양한 장기 중에 '뇌'라는 생각이 들었다. 그래서 작품에서도 빅터가 자신이 인위적으로 만든 생명체인 크리쳐가 앙리와 같다고 처음에 생각했다.

"아무리 과학기술이 발전해도 사람이 뛰어넘어서는 안 되는 선이 있다. 그 선을 넘어서는 순간 닥치는 재앙은 작품 속보다 더욱 심각하고 참혹할 것이다."

## 프리한 학예사의 체크체크

- ⊘ 『프랑켄슈타인』 원작 소설과 본 작품을 비교해보면 작품을 깊이 이해할 수 있다.
- ⊘ 신이 인간에게 허락할 수 있는 생명에 대한 권한은 어디까지인지 생각해보자. 그리고 빅터가 마지막에 죽게 되는 것은 신의 조화가 아닌지 생각해보자.
- ⊘ 19세기를 기점으로 인류역사의 물줄기가 어떻게 변했는지 생각해보자.

보이지 않는, 숨겨진 또 다른 나

# 〈지킬 앤 하이드〉

〈지킬 앤 하이드〉 포스터(2024)

## 인간의 선과 악, 인위적으로 조절할 수 있을까?

이 작품은 소설인 『지킬박사와 하이드씨』를 원작으로 하고 있는데 해리성 정신질환이 작품의 주요 모티브다. 작품에 등장하는 지킬박사와 하이드는 동일인으로 헨리 지킬이라는 의학박사가 마음의 병이라고 할 수 있는 현대로 보면 일종의 치매와 같은 질병으로 병원에 입원해 있는 아버지를 치료하기 위해 치료약을 개발하는 과정에서 일어나는 사건들을 그리고 있다.

작품 속에서 지킬박사의 아버지는 선과 악을 자신의 의지대로 조절할 수 없는 사람으로 그려진다. 그래서 지킬박사는 아버지의 몸에서 인간의 악함을 모두 빼고 선함만을 남겨둔다면 아버지가 전보다 더 착한 사람으로 살 수 있고 병도 나을 수 있다고 믿는다. 그리고 이를 위한 치료제를 개발하는데 약을 임상 실험할 대상이 나타나지 않자 자신의 몸에 약물을 주사하고 이후부터 지킬박사의 해리성 장애가 시작된다.

지킬박사가 하이드로 변해서 한 일을 처음엔 기억하지 못한다. 하지만, 후반부에 자신이 스스로에게 투여한 임상실험 약물 때문에 때때로 하이드로 변하고, 변했을 때 인간으로 해서는 안 되는 끔찍한 범죄를 저지른다는 사실을 알게 된다. 지킬박사는 또 다른 자아인 하이드를 제어하기 위해 강한 정신력을 발휘하지만, 결과적으로 실패한다. 마지막 순간에 하이드의 자아로부터 사랑하는 여인을 지키기 위해 스스로 삶을 마감하는 것이 이를 의미한다.

이를 통해 사람의 감정은 인위적으로 조절하기가 어려우며 사람은 선과 악이 공존하기에 사람일 수 있다는 것을 알 수 있다. 또한 사람에게 선과 악이 공존하기에 선이 악을 조절할 수 있는 힘과 능력이 주어졌음을 알 수 있다. 사람의 선과 악은 인위적으로 조절할 수 없음을 깨닫는다. 무엇보다 서구 의학의 특성이 보이는데 바로 서구 의학에서는 사람의 몸에 문제가 생기면 그 문제를 제거하는 것으로 병을 치료하려는 특성을 가지고 있음을 알 수 있다. 작품에서 그려지는 비극도 바로 이러한 서구 의학의 특성 때문에 벌어졌다.

## 19세기, 산업혁명이 가져다준 사람들의 삶

작품의 메인 이야기 말고도 작품을 통해 우리는 19세기 산업혁명으로 크게 발전한 영국의 당시 사회상도 조금이나마 엿볼 수 있다. 특히, 산업혁명으로 벌어진 빈부격차와 전부터 이어지던 남녀 간의 성차별이 불러온 산업혁명 시대 여성의 삶도 '루시'라는 캐릭터를 통해 잘 보여준다. 작품에서 지킬박사의 약혼녀인 엠마와는 다르게 루시는 산업혁명의 풍파를 심하게 맞으며 조금이라도 나은 삶을 위해 자신의 비참한 현실을 받아들일 수밖에 없는 사람이다. 무엇보다 여성에게 있어 치욕적이고 굴욕적인 직업에 종사하면서 하루라도 빨리 돈을 많이 벌어 그 비참한 삶에서 벗어나고자 하는 그녀의 생각이 그려진다.

19세기 산업혁명으로 사람들 사이에 빈부격차가 발생했는데 부유하게 잘사는 사람보다 노동자로 가난하게 살거나 살만은 하지만 그렇다고 부유하지는 않은 중산층이 많아졌음을 보여준다. 작품은 이러한 19세기 영국의 사회상을 잘 그리고 있다. 지금도 그렇지만 일상에 큰 영향을 끼치는 종교의 힘도 함께 그려진다. 비록, 중세만큼은 아니지만 서구 사람들 특히 유럽 사람들에게 종교는 태어나면서 죽을 때까지 불가분의 관계에 있다. 태어나서 교회에서 세례 받고 대체적으로 신앙생활을 하며 교회에서 결혼하거나 결혼을 인정받고 죽어서 교회에서 장례가 치러진다. 그러기에 작품에서 그려진 신부의 타락은 산업혁명이 가져다 준 돈, 곧, 부가 종교인을 타락시킬 만큼 그 힘이 크다는 것을 보여준다.

산업혁명으로 인류는 사람보다 재물, 부를 더욱 중요시하게 됐다는 사실을 말하고 있다. 이러한 모습은 영국뿐만 아니라 전 세계에서 일어나고 있다. 그래서 지금과 같이 살기 힘든 세상이 되었다.

**"사람은 보이는 것보다 더 많은 것을 품고 있다. 그러기에 겉만 보고 혹은 한 단면만 보고 사람을 판단하는 것은 잘못된 일이다."**

### 프리한 학예사의 체크체크

- ☑ 작품 관람 전에 원작 소설 『지킬박사와 하이드씨』를 읽고 간다면 작품을 더욱 깊이 있게 즐길 수 있다.
- ☑ 작품이 담고 있는 19세기의 모습을 통해 당시 영국의 모습을 유추해보자.
- ☑ 해리성 정신장애와 관련된 범죄의 에피소드를 찾아보고 작품의 모티브와 어떤 관계가 있는지 생각해보자.

인생은 집착과 해탈 그 사이 어디쯤
〈매디슨카운티의 다리〉

〈매디슨카운티의 다리〉 포스터(2025)

## 이어주는 다리, 그 자리에 있는 다리

'다리'라는 단어엔 기본적으로 2가지 뜻이 있는데 그 중에 '길과 길을 이어주는 건축물'이라는 뜻이 담긴 다리가 있다. 그런 다리 중에 미국 아이오와주에 있는 널리 알려진 다리가 있는데 바로 '매디슨카운티의 다리'다. 이같은 다리는 한번 만들어지면 무너지거나 해체될 때까지 언제나 그 자리에서 자신의 역할을 다한다. 뮤지컬 〈매디슨카운티의 다리〉는 이러한 다리의 특성과 다리에 담긴 뜻과 의미를 이야기에 적절히 녹여내 만든 작품이다.

무엇보다 길과 길을 이어준다는 점에 착안하여 지루하고 따분한 일상에 새로운 사랑을 이어주는 역할을 한 매디슨카운티의 다리를 그리고 있다. 작품의 끝부분을 보면, 프란체스카와 로버트는 자신들의 사랑이 이루어질 수 없음을 인정한다. 그래서 마지막 선택의 순간 프란체스카와 로버트는 서로에게 가졌던 사랑에 대한 집착을 놓는다. 이후 프란체스카와 헤어진 로버트는 그의 삶이 다할 때까지 한때 불타올랐던 그 사랑을 조용히 간직한다. 이런 로버트의 모습이 항상 그 자리를 지키는 다리와 같다는 생각이다. 〈매디슨카운티의 다리〉가 보여주는 공감각적 감성과 이미지는 작품을 보는 그 순간만큼은 이야기에 몰입하여 진정한 사랑이 무엇인지 생각해 볼 수 있다.

## 미워할 수 없는 금지된 사랑

〈매디슨카운티의 다리〉는 소설이 원작으로 영화가 먼저 제작됐다. 뮤지컬을 보고 그 후에 영화를 봤는데 영화에서 프란체스카역을 맡은 메릴스트립트와 로버트역을 맡은 클린트 이스트 우드의 케미를 보면 영화보다는 뮤지컬이 훨씬 생생한 로맨스를 그리고 있음을 알 수 있다. 무엇보다 뮤지컬이 영화보다 더 공감각적으로 작품을 그리고 있다. 뮤지컬도 영화랑 그 주요 내용에 차이가 없지만 영상으로 그려지는 것과 무대 위에 그려지는 장면엔 서로 차이가 있다. 영화도 생생하긴 하지만 그보다 현장성이 살아있는 뮤지컬이 훨씬 생생하게 그려진다. 더불어 시각매체의 차이가 낳는 스토리 구성과 미장센은 작품에 담긴 메시지를 더욱 강하고 감각적으로 표현한다.

이 작품은 주인공들이 당시의 시대적 정서로는 받아들이기 힘든 금지된 사랑을 하지만 그 사랑을 미워할 수 없는 결말과 감성, 메시지를 담고 있다. 프란체스카와 로버트 모두 서로가 금지된 사랑을 하는 것임을 인식하고 있으며 진짜 사랑을 위해 때론 상대를 놓아줄 수 있어야 한다는 것을 서로가 안다. 그래서 작품 끝부분에 망설이는 감정이 그려지지만 결과적으로 사회적 통념에서 벗어나지 않는 선택을 함으로서 '불륜'이라는 부정적인 이야기의 소재를 미워할 수 없게 만든다.

매디슨카운티의 다리(로즈먼 다리) 모습

## 사랑을 통해 잠시나마 진짜 나로 돌아오는 프란체스카

이 작품은 여주인공 프란체스카의 인생에서 잠시나마 자신의 감정에 솔직하고 진짜 하고 싶었던 사랑과 인생을 살아볼 수 있는 시간의 이야기가 담겨 있다. 프란체스카는 본래 이탈리아 사람으로 2차 세계대전이 끝나면서 당시 전선에 파병됐던 현재의 남편을 따라 미국으로 왔고 둘은 결혼하여 아이오와주에서 평범하게 살아간다. 작품의 시기적 배경은 1960년대로 남녀 간에 차별이 존재했던 시기다. 미국의 아이오와주는 시골로 그곳에 사는 사람들은 대부분 농업이나 목축업에 종사하는 사람들이기에 한국의 지방처럼 도시보다 남녀 간에 성적 차별이 더욱 심했다.

이런 시대적 분위기와 사회적 상황 속에서 프란체스카는 어린 시절 그리고 결혼 전에 이루고 싶었던 꿈을 포기한 채 평범한 가정주부로 살고 있다. 이런 프란체스카에게 찾아온 오랜만에 가슴 설레는 사랑 이야기가 담긴 작품이다. 평범하고 조용한 프란체스카의 인생에 어느 날 내셔널지오그래픽 잡지에 사진을 투고하는 사진가 로버트가 '매디슨카운티의 다리'라고도 불리는 '로즈먼 다리'를 찍기 위해 프란체스카가 살고 있는 마을로 찾아온다. 로버트는 다리 사진을 찍다가 하룻밤 묵어갈 숙소를 찾지만 쉽게 찾아지지 않아 마을 사람에게 신세를 지기로 마음을 먹고 잘만한 곳을 찾던 중에 하룻밤 묵게 된 곳이 프란체스카의 집이다.

처음엔 단순한 감정으로 그저 우연히 다른 가족들이 도시로 대회에 참여하기 위해 집을 떠나 있기에 여행자에게 하룻밤 묶을 장소를 내어줄 뿐이었다. 하지만, 시간이 흐르면서 프란체스카와 로버트는 서로에게 호감을 느끼고 결국 인생의 한순간 뜨거운 사랑을 나눈다. 여기서 프란체스카와 로버트가 사랑을 나누게 된 궁극적인 이유는 로버트가 프란체스카의 잊어버렸던 감정과 진짜 자신으로 살아가는 것이 무엇인지 어떤 감정인지 천천히 다시 인식하며 깨닫게 했기 때문이다.

로버트의 자상함이 프란체스카가 잊고 있었던 자신에 대한 진실한 감정을 되찾게 하며 잊고 있었던 꿈과 열정을 새롭게 인식하게 했다. 남편도 자상하긴 했지만 로버트는 프란체스카를 오로지 자신 그대로 살 수 있도록 이끌어줄 수 있는 힘을 가지고 있었다. 그래서 프란체스카가 로버트를 사랑하게 된 것이다. 한국도 한창 경제개발을 하던 시점에 직장 생활을 하는 여성보다 가정주부로 삶을 영위하는 여성들이 많았다. 이렇게 가정주부로 평생을 사는 여성들은 어느 순간 자신의 이름은 잃어버린 채 그저 누구의 엄마, 누구의 아내, 누구의 할머니로 살다가 생을 마감한다. 이 작품은 동명 소설을 원작으로 하고 있는데 실화를 바탕으로 한 소설이라고 한다.

## 현재는 과거의 결과이며, 미래의 씨앗

작품에서 프란체스카가 로버트에게 반하는 궁극적인 이유와 프란체스카가 로버트를 선택하지 못했던 이유를 통해 현재 일어나고 있는 젠더 간의 갈등과 국가의 복지비용 그리고 현 경제 상황 속에 산재해 있는 문제의 원인이 무엇인지 알 수 있다. 더불어 이를 통해 현재 일어나고 있는 일은 과거의 일들이 쌓여 현재 일어나는 것이고, 현재의 문제는 미래에 일어날 상황에 대한 씨앗임을 알 수 있다.

무엇보다 현재 국가적으로 경제적으로 뜨거운 감자인 국민연금과 저출생, 초고령화, 지방 공동화 문제 등은 오래된 과거부터 있었던 젠더 간의 차별과 국가의 불균형적인 발전 정책들이 쌓여 현재 터진 것임을 알려준다. 그리고 이렇게 현재 국가적으로, 사회적으로 산재한 문제를 골든타임 안에 해결하지 못하면 우리가 미래에 치러야 할 대가와 비용은 결과적으로 나라의 존립을 위협하는 수준까지 이를 것임을 경고하고 있다.

인류의 편협한 사고와 편견에 사로잡힌 생각을 기반으로 만들어진 정책이나 사회적 이념은 당시에는 별거 아닌 것처럼 느껴질지 모르지만 그러한 불균형적인 생각을 기반으로 하는 정책과 사회적 이념이 쌓이고 쌓여 사회적이자 국가적인 뜨거운 감자의 문제로 여겨질 때가 되면 문제를 골든타임 안에 해결하기엔 많이 늦은 시점이라고 생각하는 것이 문제를 사전에 방지할 수 있는 최고의 방법이다.

현재 일어나고 있는 문제의 원인은 한 가지가 아니고 여러 가지이며 각각의 문제를 잘 들여다보면 서로 영향을 주고받는 문제들이 있는 것을 알수 있다. 특히, 저출생과 초고령화, 지방소멸, 혹은 지방 공동화는 큰 범주에서 보면 인구론적 문제로 현재 얼마 남지 않은 골든타임을 그냥 흘려보내면 미래를 살아가는 우리가 치러야 할 대가와 비용은 천문학적 비용에 맞먹게 될 것이다.

역사적으로 오래된 젠더 간의 차별로 인해 현재 70대 이상의 여성들은 노령연금을 받지 못하는 사람이 많고 이런 현상이 결과적으로 현재 국가 경제에 악영향을 끼치고 있다. 앞서 제시한 세대의 여성들은 대체적으로 직장생활을 하지 못해 국민연금에 가입된 적이 없고 그래서 노년이 돼서도 일을 하지 않으면 스스로 자신의 삶을 영위하기가 쉽지 않다. 이런 상황에서 국가적으로 이들의 삶에 도움을 주기 위해 내놓은 복지정책은 오히려나라의 부채를 늘어나게 만들었다. 더불어 시대적 상황을 따라가지 못한 임금정책 국민연금 정책 등 근로자가 최소한의 삶을 영위할 수 있는 경제력을 갖추는 데에 필요한 항목들의 정책은 결과적으로 현재 2030 청년들과 미래세대에 큰 부담을 짊어지게 만들었다.

원작 소설이나 영화, 뮤지컬에서는 의도하지 않았겠지만 필자가 보기에 이 작품의 이야기 속에 젠더 갈등이나 젠더 간의 차별이 불러 올 미래의 사회적, 국가적 문제에 대해 한번쯤은 생각해보라는 메세지가 있다. 이 작품이 실화를 바탕으로 서술된 소설을 원작으로 하고 있기에 더욱이 생각해볼 수 있는 화제이자 화두다. 국가와 사회도 그렇지만 한 개인도 현재는 과거의 결과이자 미래의 씨앗이다. 그러기에 개인의 현재 상황과 결과는 바꿀 수 없지만 개인의 미래는 현재의 삶에 변화를 준다면 큰 변화가 있을 것이다.

작품에서 보면 프란체스카가 로버트와 헤어지고 다시 가정에 충실한 듯하지만 프란체스카도 자신의 상황에서 진정한 자신을 잃지 않고 살아가는 방법을 터득한 듯이 그려진다. 그리고 로버트는 그런 프란체스카를 묵묵히 멀리서 바라보며 프란체스카를 응원하고 자신과 헤어진 이후 프란체스카의 삶을 사진으로 남긴다. 로버트가 프란체스카의 일생을 사진으로 남기는 것은 뮤지컬에서의 설정이고 각색일지 모르겠으나 로버트가 프란체스카를 포기함으로 생긴 미련을 해소하는 하나의 방법이지 않을까? 사랑에 대한 순정을 지키고 순애보를 보여주는 로버트의 행동은 불륜이지만 미워할 수 없는 불륜의 장면이다.

"세상을 살다보면 때로 자신이 가지고 싶은 것을 잠시 가졌다가 놓아줘야 할 때가 있다. 이러한 때 우리는 가지고 싶은 것에 대해 집착을 해서는 곤란하다. 어차피 가질 수 없는 것이라면 과감하게 포기하고 놔주어라"

## 프리한 학예사의 체크체크

- ⊘ 작품 보기 전 원작 소설을 읽어보고 영화 <매디슨카운티의 다리>를 보고 가면 작품을 더욱 깊이 이해할 수 있다.
- ⊘ 인류의 편협한 생각이 사회 및 국가에 얼마나 큰 영향을 끼치는지 한국의 현재를 대비하여 생각해보자. 많은 것을 알 수 있다.
- ⊘ 로버트와 프란체스카의 심리묘사를 통해 작품의 배경이 되는 시점의 미국사회의 분위기를 생각해보면 작품을 더욱 흥미지진하게 느낄 수 있다.

## 에필로그
# 예술 속 인문학, 그리고 인생

예술은 인류의 역사 속에서 가장 오래된 역사를 가지고 있는 분야다. 예술의 시작이 바로 제의에서 시작하기 때문이다. 그러기에 예술 속에는 인간의 다양한 염원이 함께 담겨 있다. 그래서 사람은 예술 활동을 하지 않고는 살 수 없다. 하지만, 현대사회에서 예술 활동을 하는 사람이 상당히 적고 무엇보다 예술을 향유하는 것에 대해 사치를 부린다고 생각하는 사람이 많다. 그 이유는 사람들이 예술이 인간의 삶에 얼마나 큰 영향을 미치는지 알지 못하고 나아가 인류의 역사에서 인간이 가장 먼저 습득한 분야가 예술이라는 것을 모르기 때문이다. 인류가 의식주 외에 가장 먼저 습득한 기술이 예술이고 예술은 선사시대 사람과 고대 사람들에게 제의와 연결되는 최고이자 최선의 수단이다. 그만큼 예술 속에는 인간의 염원을 이루어줄 강력한 힘이 깃들어 있다.

예술은 지친 사람의 영혼을 위로하는 힘도 함께 가지고 있다. 현대의 많은 사람들이 마음의 병을 앓고 있고 쉽게 지치며 번아웃과 같은 몸과 마음이 지쳐 무기력증이 찾아오는 사람들이 많다. 이유는 사람들이 예술 향유에 대한 욕구를 억압하며 성공을 위해서는 그 정도는 억압할 줄 알아야 하며 그런 억압을 '절제'라는 미덕으로 여기고 있기 때문이다. 하지만, 인류 역사에서 인류의 삶과 불가분의 관계에 있는 예술 향유를 억압하는 것은 본인 스스로 영혼이 안식을 처하며 삶을 살아갈 수 있는 또 다른 새로운 힘을 얻을 수 있는 기회를 차버리는 것이다. 자신의 인생을 더욱 활기차게 해주며 더욱 풍요로운 인생이 될 수 있도록 무언가에 도전할 수 있는 힘을 주는 예술을 향유할 수 있는 기회를 스스로 차버리는 것이다. 자본주의 사회가 만들어낸 사람들의 인식이겠지만 예술을 향유하는 인간의 본성까지 억압할 정도로 자본주의의 물질문명은 인류에게 많은 병폐를 만들었다.

앞에 언급된 많은 작품에서도 말하고 있지만 자본주의 및 물질주의에 물든 삭막한 세상을 살아가기 위해서 인류는 인류와 오랜 시간 함께 했던 예술의 본능을 일깨워야 한다. 본능이자 본성 그리고 자신이 믿고 있는 무언가에 염원하는 간절함이 없어진 현재 인류에게 남은 것은 사람이 아닌 그저 물질일 뿐이다. 인류 역사에서 의식주를 제외하고 가장 오랜 역사를 가진 예술이 물질 중심주의 사회에서 무시당하고 소외당하고 있다. 예술 속에는 사람이 있고 여러 사람의 삶이 녹아있다. 그러기에 우리는 이런 다양한 예술작품을 보며 자신의 삶을 더 나은 방향으로 이끌어가며 더 나은 자신의 삶을 위해 괴로운 일, 하기 싫은 일, 나아가 자신의 인생에 닥치는 고

난과 시련을 이겨낼 수 있는 힘을 비축해야 한다.

문화예술을 향유 하는 것을 사치라 생각하고 더불어 예술을 향유 하는 것을 인생에서 쓸데없는 일이라고 생각하는 사람들은 험난하고 힘든 삶에서 인류를 구원해 줄 예술을 모욕하는 것과 다름없다. 세상을 살아가고 있는 그 어떤 사람이라도 예술을 통해 삶이 빛날 수 있다.

예술 속에 담겨있는 다양한 인문학적 요소는 예술이 품고 있는 것이 바로 사람이며 인간의 삶이라는 것을 알려준다. 그러기에 사람의 삶이 예술을 통해 빛날 수 있다. 사람에게 주어진 시간은 제한적이기에 삶을 살아가는 데 충분한 경험을 할 수 있는 시간은 그리 많지 않다. 예술은 이러한 부족한 시간을 오히려 풍부하게 활용할 수 있도록 해준다. 사람의 인생에서 경험만큼 중요한 것은 없기 때문이다. 아무리 돈이 많아도 시간을 살 순 없기 때문에 가능한 주어진 시간 안에 많은 경험을 해야 하는 것이다. 무엇보다 사람마다 이승에서 주어진 시간에 차이가 있기에 자신의 삶에 도움이 되는 많은 경험을 예술 향유를 통해 얻을 수 있다면 같은 시간 돈을 버는 것보다 나은 선택이 될 것이다. 예술을 향유하는 것이 현재의 시간과 돈을 낭비하는 것처럼 보일지 몰라도 인생 전체를 두고 볼 때 자신의 미래를 위한 투자이며 무엇보다 같은 시간 더욱 많은 경험을 얻을 수 있는 오히려 인생에서 그 무엇보다 경제적이고 수많은 이익을 얻을 수 있다.

필자의 인생을 조금씩 그리고 서서히 변화하게 해준 작품 중에서 일부를 엄선하여 에세이 형식으로 적어보았다. 그와 함께 인문학적인 사유와 감상을 섞어 기록했다. 기회가 된다면 필자가 몇 자 적은 작품들을 관람해보셨으면 한다. 어떤 작품이 될지 모르겠지만 분명 여러분 인생에 자그마한 변화라도 가져다줄 것이다.

---

1) 본 이름 외에 부르는 이름으로 흔히 관례(冠禮)후에 불리던 이름이다.

2) 본명이나 자 이외에 쓰는 이름으로 허물없이 쓰기 위해 지은 이름이다.

3) 조선의 극형으로 두 팔과 두 다리, 목에 한쪽 줄을 묶은 후 다른 한 쪽은 수레나 소에 묶어 신체를 찢어 죽이는 형벌이다.

4) 예종은 의경세자의 동생이다.

5) 이러한 이유로 소혜왕후 한씨의 아버지는 욕을 먹기도 했다. 누이들을 명나라에 팔아넘기고 권력을 가졌다고 말이다. 고려의 원나라 간섭기만 우리나라의 여성들이 공녀로 끌려간 줄 아는데, 사실 조선전기까지도 끊이지 않았고, 무엇보다 병자호란이후 청나라로 끌려간 조선의 여성들도 많았다.